MIN LILLA KOKBOK PÅ TÅRTTIN

Från minikakor till läckra tårtor, utforska 100 frestande godsaker direkt från din ugn

Charlotte Bengtsson

Copyright Material ©2024

Alla rättigheter förbehållna

Ingen del av denna bok får användas eller överföras i någon form eller på något sätt utan korrekt skriftligt medgivande från utgivaren och upphovsrättsinnehavaren, förutom korta citat som används i en recension. Den här boken bör inte betraktas som en ersättning för medicinsk, juridisk eller annan professionell rådgivning.

INNEHÅLLSFÖRTECKNING

INNEHÅLLSFÖRTECKNING **3**
INTRODUKTION **6**
MINILIMPOR **7**
   1. Mini limpor av citronvallmofrö 8
   2. Mini Banan Nöt Bröd Bröd 10
   3. Mini Choklad Zucchini brödlimpor 12
   4. Mini äpple kanelbröd 14
   5. Mini morotskaka limpor 16
   6. Mini Pumpa Bröd Bröd 18
MINIPAJER **20**
   7. Mini äppelpajer 21
   8. Mini pumpa pajer 23
   9. Mini körsbärspajer 25
   10. Mini blåbärspajer 27
   11. Mini Key Lime Pajer 29
   12. Mini Choklad Gräddpajer 31
MINI TÅRTOR **33**
   13. Mini Victoria sockerkaka 34
   14. Mini citrondrickstårta 36
   15. Mini Choklad Éclairs 38
   16. Mini kaffe valnötstårta 40
   17. Mini Popoldanski čaj-kakor 42
   18. Mini Morotskaka Ugrizi 45
   19. Mini Rdeči žametTorte 47
   20. Krema Puffs Och Éclairs Prstan Torte 49
MINITÄRTOR **51**
   21. Mini blandade bärtårtor 52
   22. Mini choklad jordnötssmör tårtor 54
   23. Mini frukttårtor 56
   24. Mini citrontarteletter 58
   25. Mini Choklad Ganache Tarteletter 60
   26. Mini hallonmandeltarteletter 62
   27. Mini Salta Quiche Lorrainetarteletter 65
TORTE POPS OCH BULAR **68**
   28. Funfetti Confetti Torte Pops 69
   29. Klassisk Vanilj Torte Pops 72
   30. Choklad Fudge Torte Žogas 75
   31. Citron Hallon Torte Pops 78

32. Rdeči žametKrema Sir Torte Žogas 81
33. Kakor Och Krema Torte Pops 84
34. Saltade kolatårtabollar 87
35. Jagoda Sirtorte Torte Žogas 90

MINI SMÖRGÅR 93
36. Mini Caprese smörgåsar 94
37. Mini kyckling sallad smörgåsar 96
38. Minikalkon och tranbärsmörgåsar 98
39. Mini Skinka Och Ost Sliders 100
40. Mini Veggie Club smörgåsar 102

SMÅKAKOR 104
41. Kprstanla Och Karamellkakor 105
42. Hampa Buckeye Cookie 107
43. Torte Mix Sandwich Cookies 109
44. Granola & Chokladkakor 111
45. Tårtlåda Sockerkakor 113
46. Tyska Tårtlåda kakor 115

KRÄMPUFFAR 117
47. Cocktail Krema Puffs 118
48. Hallon Krema Puffs 120
49. Hasselnöt Och Rostad Marshmallow Krema Puffs 122
50. Jagoda Krema Puffs 126
51. Limonina skuta Krema Puffs 129
52. Hasselnötspralinkrämpuffar 131
53. Blueberry Krema Puffs 133
54. Coconut Krema Puffs 135
55. Espressosås Krema Puffs 137
56. Chai Krema Puffs 140
57. Mandelkrämpuffar 143

ECLAIRS 145
58. Mini Choklad Eclairs 146
59. Kakor och grädde Éclairs 149
60. Choklad Hasselnöt Éclairs 152
61. Orange Éclairs 155
62. Passionsfrukt Éclairs 158
63. Fullkornsfruktiga Éclairs 161
64. Passionsfrukt och hallon Éclairs 164
65. Cappuccino Éclairs 168
66. Pistasch Lemon Éclairs 170
67. Lönnglaserade Éclairs toppade med nötter 175

CROISSANTER 178
68. Mini mandelcroissanter 179
69. Rosa ros & pistaschdoppade croissanter 181

70. Lavendel honungscroissanter 185
71. Rosenbladscroissanter 187
72. Apelsinblomma croissanter 189
73. Hibiskus croissanter 191
74. Blåbärscroissanter 193
75. Halloncroissanter 195
76. Persika croissanter 197
77. Blandade bärcroissanter 199
78. Tranbär Och Apelsincroissanter 201
79. Ananas croissanter 203
80. Plommoncroissanter 205
81. Banan Eclair Croissanter 207

CUPTORTE & MUFFINS 209

82. Citron y Torte Mix Cuptorte 210
83. Choklad Caramel Cuptorte 212
84. Mud Pri Cuptorte 214
85. Torte Mix Buča Muffins 216
86. Torta Mix Praline Cuptorte 218
87. Piña Colada & Cuptorte 220
88. Češnja Cola minikakor 222
89. Rdeči žametCuptorte 224
90. Äppelpaj Cuptorte 226
91. Stark Mus Cuptorte 228

BARER OCH RUTOR 230

92. Schackstänger 231
93. Hallon & Chokladkakor 233
94. Torta Mix Češnja Palice 235
95. Choklad lager tårta 237
96. Potluck Palice 239
97. Ampak skrajni prstCookie Palice 241
98. Tårtlåda Barer 243
99. Infunderat jordnötssmör Rutor 245
100. Karamell valnötsstänger 247

SLUTSATS 249

INTRODUKTION

Gå in i bakningens söta och ljuvliga värld med ", Utforska 100 frestande godsaker direkt från din ugn." Bakning är inte bara en kulinarisk konst; det är en magisk resa fylld med värme, arom och löftet om härlig överseende. I den här kokboken bjuder vi in dig att ge dig ut på ett smakrikt äventyr när vi utforskar ett härligt utbud av 100 oemotståndliga godsaker, alla bakade till perfektion i din pålitliga kakform.

Från dekadenta minikakor prydda med virvlar av frosting till eleganta tårtor sprängfyllda med säsongens frukter, varje recept i den här kokboken är utformad för att tända din passion för bakning och tillfredsställa ditt sötsug. Oavsett om du är en erfaren bagare eller en nybörjarentusiast, hittar du inspiration, vägledning och glädje på dessa sidor. Med tydliga instruktioner, användbara tips och fantastisk fotografeprstan kommer du att känna dig säker när du vispar, viker och bakar dig till kulinarisk lycka.

Den ödmjuka kakformen fungerar som duken för våra kulinariska skapelser och erbjuder oändliga möjligheter till experiment och kreativitet. Oavsett om du bakar för ett speciellt tillfälle, en mysig sammankomst eller bara för att skämma bort din sötsug, finns det en godbit för varje smak och varje ögonblick. Så, förvärm ugnen, samla ihop dina ingredienser och låt oss dyka in i bakningens förtrollande värld med " Min Lilla Kokbok På Tårttin " som vår guide.

MINILIMPOR

1.Mini limpor av citronvallmofrö

INGREDIENSER:
- 1 kopp universalmjöl
- 1/2 tsk bakpulver
- 1/4 tsk bakpulver
- 1/4 tsk salt
- 1 msk vallmofrön
- 1/2 kopp osaltat smör, mjukat
- 3/4 kopp strösocker
- 2 stora ägg
- 1 msk citronskal
- 1/4 kopp färsk citronsaft
- 1/4 kopp kärnmjölk
- 1/2 tsk vaniljextrakt

INSTRUKTIONER:
a) Värm ugnen till 350°F (175°C). Smörj och mjöla minibrödformar.
b) I en medelstor skål, vispa ihop mjöl, bakpulver, bakpulver, salt och vallmofrön.
c) Grädda ihop smör och strösocker i en stor skål tills det är ljust och fluffigt.
d) Vispa i äggen, ett i taget, och rör sedan ner citronskal, citronsaft, kärnmjölk och vaniljextrakt.
e) Tillsätt gradvis de torra ingredienserna till de våta ingredienserna, blanda tills de precis blandas.
f) Fördela smeten jämnt mellan de förberedda minilimpformarna.
g) Grädda i den förvärmda ugnen i 20-25 minuter, eller tills en tandpetare som sticks in i mitten kommer ut ren.
h) Låt bröden svalna i formarna i 10 minuter och överför dem sedan till ett galler för att svalna helt.

2.Mini Banan Nöt Bröd Bröd

INGREDIENSER:
- 1 1/2 koppar universalmjöl
- 1 tsk bakpulver
- 1/4 tsk salt
- 1/2 kopp osaltat smör, mjukat
- 1/2 kopp strösocker
- 2 stora ägg
- 1 tsk vaniljextrakt
- 3 mogna bananer, mosade
- 1/2 kopp hackade valnötter eller pekannötter

INSTRUKTIONER:
a) Värm ugnen till 350°F (175°C). Smörj och mjöla minibrödformar.
b) I en medelstor skål, vispa ihop mjöl, bakpulver och salt.
c) Grädda ihop smör och strösocker i en stor skål tills det är ljust och fluffigt.
d) Vispa i äggen, ett i taget, och rör sedan ner vaniljextrakt och mosade bananer.
e) Tillsätt gradvis de torra ingredienserna till de våta ingredienserna, blanda tills de precis blandas.
f) Vänd ner de hackade nötterna.
g) Fördela smeten jämnt mellan de förberedda minilimpformarna.
h) Grädda i den förvärmda ugnen i 25-30 minuter, eller tills en tandpetare som sticks in i mitten kommer ut ren.
i) Låt bröden svalna i formarna i 10 minuter och överför dem sedan till ett galler för att svalna helt.

3.Mini Choklad Zucchini brödlimpor

INGREDIENSER:
- 1 kopp universalmjöl
- 1/4 kopp osötat kakaopulver
- 1/2 tsk bakpulver
- 1/4 tsk bakpulver
- 1/4 tsk salt
- 1/2 kopp strösocker
- 1/4 kopp farinsocker
- 1/4 kopp vegetabilisk olja
- 1 stort ägg
- 1 tsk vaniljextrakt
- 1 kopp riven zucchini, pressad för att ta bort överflödig fukt
- 1/2 kopp halvsöta chokladchips

INSTRUKTIONER:
a) Värm ugnen till 350°F (175°C). Smörj och mjöla minibrödformar.
b) I en medelstor skål, vispa ihop mjöl, kakaopulver, bakpulver, bakpulver och salt.
c) I en stor skål, vispa ihop strösocker, farinsocker, vegetabilisk olja, ägg och vaniljextrakt tills det är väl kombinerat.
d) Tillsätt gradvis de torra ingredienserna till de våta ingredienserna, blanda tills de precis blandas.
e) Vänd ner riven zucchini och chokladchips.
f) Fördela smeten jämnt mellan de förberedda minilimpformarna.
g) Grädda i den förvärmda ugnen i 25-30 minuter, eller tills en tandpetare som sticks in i mitten kommer ut ren.
h) Låt bröden svalna i formarna i 10 minuter och överför dem sedan till ett galler för att svalna helt.

4.Mini äpple kanelbröd

INGREDIENSER:
- 1 kopp universalmjöl
- 1/2 tsk bakpulver
- 1/4 tsk bakpulver
- 1/4 tsk salt
- 1 tsk mald kanel
- 1/4 kopp osaltat smör, smält
- 1/2 kopp packat farinsocker
- 1 stort ägg
- 1/2 kopp osötad äppelmos
- 1/2 tsk vaniljextrakt
- 1/2 kopp tärnade äpplen (skalade och urkärnade)
- Valfritt: hackade nötter eller russin

INSTRUKTIONER:
a) Värm ugnen till 350°F (175°C). Smörj och mjöla minibrödformar.
b) I en medelstor skål, vispa ihop mjöl, bakpulver, bakpulver, salt och mald kanel.
c) I en stor skål, vispa ihop det smälta smöret och farinsockret tills det är slätt. Tillsätt ägg, äppelmos och vaniljextrakt och vispa tills det är väl blandat.
d) Tillsätt gradvis de torra ingredienserna till de våta ingredienserna, blanda tills de precis blandas.
e) Vänd ner de tärnade äpplena och valfria hackade nötter eller russin.
f) Fördela smeten jämnt mellan de förberedda minilimpformarna.
g) Grädda i den förvärmda ugnen i 20-25 minuter, eller tills en tandpetare som sticks in i mitten kommer ut ren.
h) Låt bröden svalna i formarna i 10 minuter och överför dem sedan till ett galler för att svalna helt.

5.Mini morotskaka limpor

INGREDIENSER:
- 1 kopp universalmjöl
- 1/2 tsk bakpulver
- 1/2 tsk bakpulver
- 1/4 tsk salt
- 1 tsk mald kanel
- 1/2 kopp strösocker
- 1/4 kopp vegetabilisk olja
- 1 stort ägg
- 1/2 tsk vaniljextrakt
- 1 dl fint rivna morötter
- 1/4 kopp krossad ananas, avrunnen
- 1/4 kopp hackade nötter (valnötter eller pekannötter)
- Gräddostfrosting (valfritt)

INSTRUKTIONER:
a) Värm ugnen till 350°F (175°C). Smörj och mjöla minibrödformar.
b) I en medelstor skål, vispa ihop mjöl, bakpulver, bakpulver, salt och mald kanel.
c) I en stor skål, vispa ihop strösocker, vegetabilisk olja, ägg och vaniljextrakt tills det är väl kombinerat.
d) Tillsätt gradvis de torra ingredienserna till de våta ingredienserna, blanda tills de precis blandas.
e) Vänd ner rivna morötter, krossad ananas och hackade nötter.
f) Fördela smeten jämnt mellan de förberedda minilimpformarna.
g) Grädda i den förvärmda ugnen i 20-25 minuter, eller tills en tandpetare som sticks in i mitten kommer ut ren.
h) Låt bröden svalna i formarna i 10 minuter och överför dem sedan till ett galler för att svalna helt.
i) Eventuellt frostkylda bröd med krema sir frosting innan serveprstan.

6.Mini Pumpa Bröd Bröd

INGREDIENSER:
- 1 1/2 koppar universalmjöl
- 1 tsk bakpulver
- 1/2 tsk bakpulver
- 1/4 tsk salt
- 1 tsk mald kanel
- 1/2 tsk mald ingefära
- 1/4 tsk mald muskotnöt
- 1/4 tsk mald kryddnejlika
- 1/4 kopp osaltat smör, smält
- 1/2 kopp packat farinsocker
- 1/2 kopp burk pumpapuré
- 1/4 kopp mjölk
- 1 stort ägg
- 1 tsk vaniljextrakt

INSTRUKTIONER:
a) Värm ugnen till 350°F (175°C). Smörj och mjöla minibrödformar.
b) I en medelstor skål, vispa ihop mjöl, bakpulver, bakpulver, salt och kryddor (kanel, ingefära, muskotnöt, kryddnejlika).
c) I en stor skål, vispa ihop det smälta smöret och farinsockret tills det är slätt. Tillsätt pumpapurén, mjölken, ägget och vaniljextraktet och vispa tills det är väl blandat.
d) Tillsätt gradvis de torra ingredienserna till de våta ingredienserna, blanda tills de precis blandas.
e) Fördela smeten jämnt mellan de förberedda minilimpformarna.
f) Grädda i den förvärmda ugnen i 20-25 minuter, eller tills en tandpetare som sticks in i mitten kommer ut ren.
g) Låt bröden svalna i formarna i 10 minuter och överför dem sedan till ett galler för att svalna helt.

MINIPAJER

7. Mini äppelpajer

INGREDIENSER:

- 2 medelstora äpplen, skalade, urkärnade och tärnade
- 2 matskedar strösocker
- 1 msk universalmjöl
- 1/2 tsk mald kanel
- 1/4 tsk mald muskotnöt
- 1 msk citronsaft
- Butiksköpt eller hemmagjord pajskalsdeg
- Äggtvätt (1 ägg vispat med 1 msk vatten)
- Grovt socker att strö (valfritt)

INSTRUKTIONER:

a) Värm ugnen till 375°F (190°C). Smörj en minimuffinsform.
b) I en skål, kombinera tärnade äpplen, strösocker, mjöl, kanel, muskotnöt och citronsaft. Blanda tills äpplena är jämnt belagda.
c) Kavla ut pajskalsdegen på en lätt mjölad yta. Använd en rund skärare eller ett glas och skär ut cirklar av deg som är något större än håligheterna i minimuffinsformen.
d) Tryck ut varje cirkel av deg i de smorda minimuffinsformarna, forma minipajskal.
e) Häll äppelfyllningen i varje minipajskal, fyll dem till toppen.
f) Klipp ut mindre cirklar eller degremsor för att skapa galler eller dekorativa toppar för minipajer, om så önskas.
g) Pensla minipajernas toppar med äggtvätt och strö över grovt socker om du använder dem.
h) Grädda i den förvärmda ugnen i 18-20 minuter, eller tills skorpan är gyllenbrun och fyllningen bubblig.
i) Låt minipajerna svalna i muffinsformen några minuter innan du lägger över dem på ett galler för att svalna helt.

8.Mini pumpa pajer

INGREDIENSER:
- 1 kopp konserverad pumpapuré
- 1/2 kopp sötad kondenserad mjölk
- 1 stort ägg
- 1/2 tsk mald kanel
- 1/4 tsk mald ingefära
- 1/4 tsk mald muskotnöt
- 1/4 tsk salt
- Butiksköpt eller hemmagjord pajskalsdeg
- Vispad grädde till serveprstan (valfritt)

INSTRUKTIONER:

a) Värm ugnen till 375°F (190°C). Smörj en minimuffinsform.

b) I en skål, vispa ihop pumpapuré, sötad kondenserad mjölk, ägg, kanel, ingefära, muskotnöt och salt tills det är slätt och väl kombinerat.

c) Kavla ut pajskalsdegen på en lätt mjölad yta. Använd en rund skärare eller ett glas och skär ut cirklar av deg som är något större än håligheterna i minimuffinsformen.

d) Tryck ut varje cirkel av deg i de smorda minimuffinsformarna, forma minipajskal.

e) Häll pumpafyllningen i varje minipajskal, fyll dem nästan till toppen.

f) Grädda i den förvärmda ugnen i 12-15 minuter, eller tills skorpan är gyllenbrun och fyllningen stelnat.

g) Låt minipajerna svalna i muffinsformen några minuter innan du lägger över dem på ett galler för att svalna helt.

h) Servera minipumpapajerna med vispgrädde, om så önskas.

9.Mini körsbärspajer

INGREDIENSER:

- 1 kopp körsbärspajfyllning (köpt i butik eller hemgjord)
- Butiksköpt eller hemmagjord pajskalsdeg
- Äggtvätt (1 ägg vispat med 1 msk vatten)
- Grovt socker att strö (valfritt)

INSTRUKTIONER:

a) Värm ugnen till 375°F (190°C). Smörj en minimuffinsform.
b) Kavla ut pajskalsdegen på en lätt mjölad yta. Använd en rund skärare eller ett glas och skär ut cirklar av deg som är något större än håligheterna i minimuffinsformen.
c) Tryck ut varje cirkel av deg i de smorda minimuffinsformarna, forma minipajskal.
d) Häll körsbärspajfyllningen i varje minipajskal, fyll dem till toppen.
e) Klipp ut mindre cirklar eller degremsor för att skapa galler eller dekorativa toppar för minipajer, om så önskas.
f) Pensla minipajernas toppar med äggtvätt och strö över grovt socker om du använder dem.
g) Grädda i den förvärmda ugnen i 18-20 minuter, eller tills skorpan är gyllenbrun och fyllningen bubblig.
h) Låt minipajerna svalna i muffinsformen några minuter innan du lägger över dem på ett galler för att svalna helt.

10. Mini blåbärspajer

INGREDIENSER:

- 1 dl färska eller frysta blåbär
- 2 matskedar strösocker
- 1 msk majsstärkelse
- 1/2 tsk citronskal
- 1 tsk citronsaft
- Butiksköpt eller hemmagjord pajskalsdeg
- Äggtvätt (1 ägg vispat med 1 msk vatten)
- Grovt socker att strö (valfritt)

INSTRUKTIONER:

a) Värm ugnen till 375°F (190°C). Smörj en minimuffinsform.
b) I en skål, blanda försiktigt ihop blåbär, strösocker, majsstärkelse, citronskal och citronsaft tills de är väl kombinerade.
c) Kavla ut pajskalsdegen på en lätt mjölad yta. Använd en rund skärare eller ett glas och skär ut cirklar av deg som är något större än håligheterna i minimuffinsformen.
d) Tryck ut varje cirkel av deg i de smorda minimuffinsformarna, forma minipajskal.
e) Häll blåbärsfyllningen i varje minipajskal, fyll dem till toppen.
f) Klipp ut mindre cirklar eller degremsor för att skapa galler eller dekorativa toppar för minipajer, om så önskas.
g) Pensla minipajernas toppar med äggtvätt och strö över grovt socker om du använder dem.
h) Grädda i den förvärmda ugnen i 18-20 minuter, eller tills skorpan är gyllenbrun och fyllningen bubblig.
i) Låt minipajerna svalna i muffinsformen några minuter innan du lägger över dem på ett galler för att svalna helt.

11. Mini Key Lime Pajer

INGREDIENSER:
- 1/2 kopp nyckellimejuice
- 1 tsk nyckellimeskal
- 1 burk (14 ounces) sötad kondenserad mjölk
- 2 stora äggulor
- Butiksköpt eller hemgjord graham cracker crust deg
- Vispad grädde till serveprstan (valfritt)

INSTRUKTIONER:
a) Värm ugnen till 350°F (175°C). Smörj en minimuffinsform.
b) I en skål, vispa ihop nyckellimejuice, nyckellimeskal, sötad kondenserad mjölk och äggulor tills den är slät och väl kombinerad.
c) Kavla ut graham cracker crust-degen på en lätt mjölad yta. Använd en rund skärare eller ett glas och skär ut cirklar av deg som är något större än håligheterna i minimuffinsformen.
d) Tryck ut varje cirkel av deg i de smorda minimuffinsformarna, forma minipajskal.
e) Häll nyckellimefyllningen i varje minipajskal, fyll dem nästan till toppen.
f) Grädda i den förvärmda ugnen i 12-15 minuter, eller tills fyllningen stelnat.
g) Låt minipajerna svalna i muffinsformen några minuter innan du lägger över dem på ett galler för att svalna helt.
h) Kyl ner mini key lime pajerna i kylen i minst 2 timmar innan serveprstan.
i) Servera de kylda minipajerna med vispad grädde om så önskas.

12.Mini Choklad Gräddpajer

INGREDIENSER:
- 1 paket (3,9 ounces) instant chokladpuddingmix
- 1 1/2 dl kall mjölk
- Butiksköpt eller hemgjord pajskalsdeg, bakad och kyld
- Vispad grädde till serveprstan
- Chokladspån för garneprstan (valfritt)

INSTRUKTIONER:
a) Vispa ihop chokladpuddingblandningen och kall mjölk i en bunke tills den tjocknat, cirka 2 minuter.
b) Häll chokladpuddingen i de avsvalnade minipajskalen och fyll dem nästan till toppen.
c) Kyl ner minichokladkrämpajerna i kylen i minst 1 timme, eller tills de stelnat.
d) Innan serveprstan, toppa varje minipaj med en klick vispgrädde och garnera med chokladspån, om så önskas.

MINI TÅRTOR

13.Mini Victoria sockerkaka

INGREDIENSER:
FÖR SVAMPEN:
- 2 ägg
- 100 g (cirka 3,5 uns) smör, mjukat
- 100 g (ca 3,5 uns) strösocker
- 100 g (ca 3,5 uns) självjäsande mjöl
- ½ tsk bakpulver
- ½ tesked vaniljextrakt

FÖR FYLLNING:
- Jordgubbs- eller hallonsylt
- Vispgrädde

INSTRUKTIONER:
a) Värm ugnen till 180°C (350°F). Smörj och fodra en mini cuptorte eller tårtform.
b) Vispa smör och socker i en bunke tills det blir krämigt. Tillsätt äggen ett i taget, blanda väl efter varje tillsats. Rör ner vaniljextraktet.
c) Sikta i det självjäsande mjölet och bakpulvret och vänd sedan ner det i blandningen.
d) Häll upp smeten i minikakformen.
e) Grädda i ca 12-15 minuter eller tills kakorna är gyllene och spänstiga vid beröprstan.
f) När de har svalnat, skär varje minikaka på mitten horisontellt. Bred ut sylt och vispgrädde på ena halvan, och lägg den andra halvan ovanpå.
g) Pudra över strösocker och servera.

14. Mini citrondrickstårta

INGREDIENSER:
- 2 ägg
- 100 g (cirka 3,5 uns) smör, mjukat
- 100 g (ca 3,5 uns) strösocker
- 100 g (ca 3,5 uns) självjäsande mjöl
- Skal av 1 citron
- Saften av 1 citron
- 50 g (ca 1,75 ounces) strösocker

INSTRUKTIONER:
a) Värm ugnen till 180°C (350°F). Smörj och fodra en mini cuptorte eller tårtform.
b) Vispa smör och strösocker i en bunke tills det blir krämigt. Tillsätt äggen ett i taget, blanda väl efter varje tillsats.
c) Sikta i det självjäsande mjölet och tillsätt citronskalet. Blanda tills det är väl blandat.
d) Häll smeten i minikakformen och grädda i ca 12-15 minuter eller tills kakorna är gyllene.
e) Medan kakorna gräddas, blanda citronsaft och strösocker för att få duggregn.
f) Så fort kakorna kommer ut ur ugnen, peta i dem med en gaffel eller tandpetare och prstanla citron-sockerblandningen över dem.
g) Låt kakorna svalna innan serveprstan.

15. Mini Choklad Éclairs

INGREDIENSER:
FÖR CHOUX-BAKET:
- 150 ml (cirka 5 uns) vatten
- 60 g (cirka 2 uns) smör
- 75 g (cirka 2,5 uns) vanligt mjöl
- 2 stora ägg

FÖR FYLLNING:
- 200 ml (cirka 7 uns) vispgrädde
- Chokladganache (gjord av smält choklad och grädde)

INSTRUKTIONER:
a) Värm ugnen till 200°C (390°F). Klä en plåt med bakplåtspapper.
b) Värm vattnet och smöret i en kastrull tills smöret smält. Ta bort från värmen och tillsätt mjölet. Rör om kraftigt tills det bildar en degboll.
c) Låt degen svalna något och vispa sedan i äggen ett i taget tills blandningen är slät och glansig.
d) Sked eller sprid ut chouxdegen på bakplåten i små éclair-former.
e) Grädda i ca 15-20 minuter eller tills de är uppblåsta och gyllene.
f) När svalnat, skär varje éclair på mitten horisontellt. Fyll med vispad grädde och prstanla över chokladganache.

16.Mini kaffe valnötstårta

INGREDIENSER:
TILL TÅRAN:
- 2 ägg
- 100 g (cirka 3,5 uns) smör, mjukat
- 100 g (ca 3,5 uns) strösocker
- 100 g (ca 3,5 uns) självjäsande mjöl
- 1 msk snabbkaffe löst i 1 msk varmt vatten
- 50 g (ca 1,75 uns) hackade valnötter

FÖR GLASSEN:
- 100 g (ca 3,5 ounces) mjukat smör
- 200 g (ca 7 ounces) florsocker
- 1 msk snabbkaffe löst i 1 msk varmt vatten

INSTRUKTIONER:
a) Värm ugnen till 180°C (350°F). Smörj och fodra en mini cuptorte eller tårtform.
b) Vispa smör och strösocker i en bunke tills det blir krämigt. Tillsätt äggen ett i taget, blanda väl efter varje tillsats.
c) Sikta i det självjäsande mjölet och tillsätt det lösta kaffet. Blanda tills det är väl blandat.
d) Rör ner de hackade valnötterna.
e) Häll smeten i minikakformen och grädda i ca 12-15 minuter eller tills kakorna är gyllene.
f) När kaffet har svalnat gör du glasyren genom att vispa ihop det mjuka smöret, florsockret och det lösta kaffet.
g) Isa minikakorna och garnera med extra hackade valnötter om så önskas.

17.Mini Popoldanski čaj-kakor

INGREDIENSER:
FÖR TE-KAKARNA:
- 3 matskedar osötat kakaopulver
- 1 tsk bakpulver
- 1 kopp universalmjöl
- ½ kopp varmt vatten
- 1 tsk vaniljextrakt
- 3 matskedar osaltat smör, smält
- ⅓ kopp riven kokos
- 1 stort ägg
- ½ kopp gräddfil

FÖR GLASYREN:
- 1 msk osaltat smör
- 1 dl siktat konditorsocker
- 2 matskedar vatten
- ¼ tesked mald kanel
- ½ uns osötad choklad
- 1 tsk vaniljextrakt

INSTRUKTIONER:
FÖR TE-KAKARNA:

a) Värm ugnen till 375 grader F (190 grader C). Klä tolv 2½-tums muffinskoppar med pappersfoder.
b) I en liten skål, placera kakaopulvret och rör i ½ kopp mycket varmt kranvatten för att lösa upp kakaon.
c) I en stor skål, kombinera det smälta smöret och sockret. Vispa med en elektrisk mixer tills det är väl blandat.
d) Tillsätt ägget och vispa tills blandningen blir ljus och krämig, vilket bör ta cirka 1 till 2 minuter.
e) Häll i den lösta kakaoblandningen och vispa tills smeten är slät.
f) I en separat liten skål, rör ihop gräddfil och bakpulver. Blanda ner detta i smör-socker-kakaoblandningen.
g) Tillsätt allroundmjölet och vaniljextraktet och vispa snabbt tills ingredienserna är jämnt blandade. Rör ner den rivna kokosen.
h) Häll smeten i muffinsformarna, dela den jämnt mellan dem, fyll dem till ungefär tre fjärdedelar.
i) Grädda i cirka 20 minuter eller tills toppen av tekakorna fjädrar tillbaka vid lätt beröprstan och en tandpetare som sticks in i mitten kommer ut ren.
j) Ta bort tekakorna från muffinsformarna och låt dem svalna något på ett galler medan du förbereder glasyren.

FÖR CHOKLAD GLASYREN:

k) I en liten kastrull, kombinera smöret med 2 matskedar vatten. Placera den på låg värme, tillsätt den osötade chokladen och rör om tills chokladen smält och blandningen tjocknar något. Ta bort den från värmen.
l) Kombinera det siktade konditorsockret och malen kanel i en liten skål. Rör ner den smälta chokladblandningen och vaniljextraktet tills du får en slät glasyr.
m) Bred ut cirka 2 teskedar av chokladglasyren ovanpå varje varm tekaka och låt dem svalna ordentligt.
n) Dessa Popoldanski čaj-kakor med sin kaneldoftande chokladglasyr är en härlig njutning att njuta av med ditt te.

18. Mini Morotskaka Ugrizi

INGREDIENSER:
TILL TÅRAN:
- 2 ägg
- 100 g (ca 3,5 uns) vegetabilisk olja
- 125 g (cirka 4,5 ounce) farinsocker
- 150 g (ca 5,3 uns) rivna morötter
- 100 g (ca 3,5 uns) självjäsande mjöl
- ½ tsk mald kanel
- ½ tesked mald muskotnöt
- ½ tesked vaniljextrakt
- En näve russin (valfritt)

FÖR GREOSTFROSTNING:
- 100 g (ca 3,5 uns) färskost
- 50 g (ca 1,75 ounces) mjukat smör
- 200 g (ca 7 ounces) florsocker
- ½ tesked vaniljextrakt

INSTRUKTIONER:
a) Värm ugnen till 180°C (350°F). Smörj och fodra en mini cuptorte eller tårtform.
b) Vispa ägg, vegetabilisk olja och farinsocker i en blandningsskål tills de är väl kombinerade.
c) Rör ner de rivna morötterna, det självjäsande mjölet, malen kanel, mald muskotnöt, vaniljextrakt och russin (om du använder).
d) Häll smeten i minikakformen och grädda i ca 12-15 minuter eller tills kakorna är fasta vid beröprstan och en tandpetare kommer ut ren när den sätts in.
e) När den har svalnat, gör krema sir frostingen genom att vispa ihop krema sir, mjukat smör, florsocker och vaniljextrakt.
f) Isa minimorotskakorna med krema sir frostingen.

19. Mini Rdeči žamet Torte

INGREDIENSER:
FÖR TÅRAN
- 2 ägg
- 100 g (cirka 3,5 uns) smör, mjukat
- 150 g (ca 5,3 ounces) strösocker
- 150 g (cirka 5,3 uns) universalmjöl
- 1 matsked osötat kakaopulver
- ½ tesked bakpulver
- ½ tesked vit vinäger
- ½ tesked vaniljextrakt
- Några droppar röd matfärg
- 125 ml (ca 4,2 ounces) kärnmjölk

FÖR GREOSTFROSTNING:
- 100 g (ca 3,5 uns) färskost
- 50 g (ca 1,75 ounces) mjukat smör
- 200 g (ca 7 ounces) florsocker
- ½ tesked vaniljextrakt

INSTRUKTIONER:
a) Värm ugnen till 180°C (350°F). Smörj och fodra en mini cuptorte eller tårtform.
b) Vispa smör och strösocker i en bunke tills det är krämigt. Tillsätt äggen ett i taget, blanda väl efter varje tillsats.
c) Blanda mjöl och kakaopulver i en separat skål.
d) I en annan liten skål, kombinera kärnmjölken, vaniljextraktet och den röda matfärgen.
e) Tillsätt gradvis de torra ingredienserna och kärnmjölksblandningen till smör- och sockerblandningen, växla mellan de två, börja och sluta med de torra ingredienserna.
f) Blanda bakpulver och vit vinäger i en liten skål tills det brusar och vik sedan snabbt ner det i kaksmeten.
g) Häll smeten i minikakformen och grädda i ca 12-15 minuter eller tills kakorna är spänstiga vid beröprstan.
h) När den har svalnat, gör krema sir frostingen genom att vispa ihop krema sir, mjukat smör, florsocker och vaniljextrakt.
i) Isa mini röd sammet kakor med krema sir frostingen.

20.Krema Puffs Och Éclairs Prstan Torte

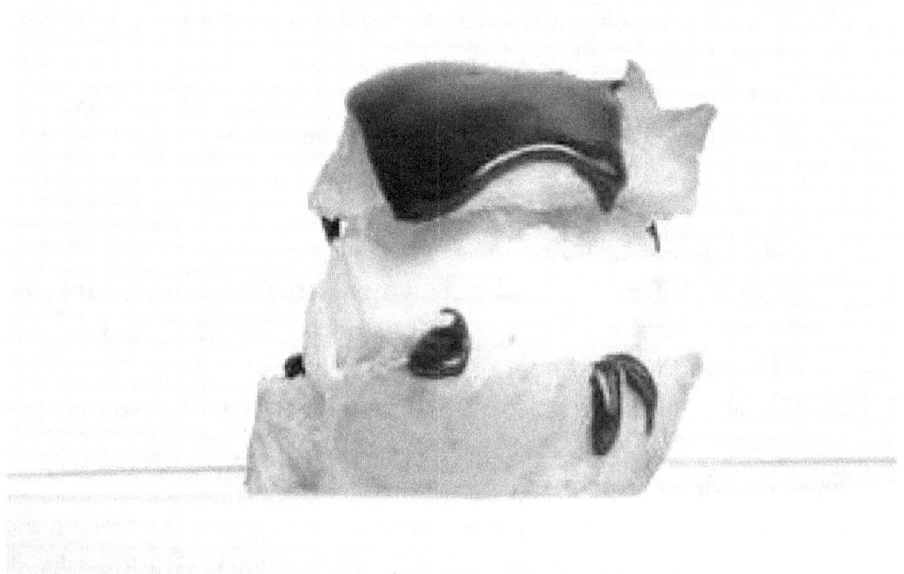

INGREDIENSER:
- 1 dl ljummet vatten
- 4 matskedar (½ pinne) osaltat smör, skuren i bitar
- 1 kopp oblekt universalmjöl eller glutenfritt mjöl
- 4 stora ägg, i rumstemperatur
- Salt vaniljfryst vaniljsås eller salt getmjölkchokladfryst vaniljsås
- Chokladglasyr (använd 4 matskedar helmjölk)

INSTRUKTIONER:
a) Värm ugnen till 400°F.
b) Blanda vattnet och smöret i en medelstor kastrull och låt koka upp under omrörning för att smälta smöret. Häll i allt mjöl och blanda tills blandningen bildar en boll.
c) Ta av från värmen och vispa i äggen ett i taget med en elektrisk mixer.

FÖR KRÄMPUFFAR
d) Sked sex 4-tums individuella högar av deg på ett osmordt kakark (för mindre puffar, gör tolv 2-tums högar). Grädda tills de är gyllenbruna, cirka 45 minuter. Ta ut från ugnen och låt svalna.

FÖR ÉCLAIRS
e) Montera en konditoripåse med en ¼-tums vanlig spets, rör sedan sex till tolv 4-tums remsor på ett osmordt kakark. Grädda tills de är gyllenbruna, cirka 45 minuter. Ta ut från ugnen och låt svalna.

FÖR EN PRSTANKAKA
f) Släpp till och med skedar av deg på ett osmordt bakplåt för att göra en 12-tums oval. Grädda tills gyllenbrun, 45 till 50 minuter. Ta ut från ugnen och låt svalna.

ATT BYGGA IHOP
g) Förbered glasyren. Dela gräddpuffarna, éclairerna eller prstankakan på mitten. Fyll på med glassen och sätt på toppen(arna) igen.
h) För gräddpuffar, doppa toppen av varje puff i chokladen. För éclairs, sked generöst glasyren över dem. För prstankakan, rör ytterligare 5 matskedar mjölk i glasyren; prstanla den över prstankakan.
i) För att servera, arrangera bakverk eller skivor av kakan på tallrikar.

MINITÄRTOR

21.Mini blandade bärtårtor

INGREDIENSER:
- 1 paket (14 uns) färdiggjord kyld pajskalsdeg
- 1 dl blandade bär (såsom jordgubbar, blåbär, hallon, björnbär)
- 2 matskedar strösocker
- 1 msk majsstärkelse
- 1 msk citronsaft
- Vispad grädde eller vaniljglass till serveprstan (valfritt)

INSTRUKTIONER:
a) Värm ugnen till 375°F (190°C). Smörj en minimuffinsform lätt.
b) Kavla ut pajskalsdegen på en lätt mjölad yta. Använd en rund skärare eller ett glas och skär ut cirklar av deg som är något större än håligheterna i minimuffinsformen.
c) Tryck ut varje cirkel av deg i de smorda minimuffinsformarna och forma minitårta skal.
d) I en skål, blanda ihop de blandade bären, strösocker, majsstärkelse och citronsaft tills bären är jämnt belagda.
e) Häll den blandade bärblandningen i varje minitårtskal, fyll dem nästan till toppen.
f) Grädda i den förvärmda ugnen i 12-15 minuter, eller tills skorpan är gyllenbrun och bären bubblar.
g) Låt minibärtårtorna svalna i muffinsformen några minuter innan du lägger över dem på ett galler för att svalna helt.
h) Servera minitårtorna varma eller rumstemperatur, med vispgrädde eller vaniljglass vid sidan av om så önskas.

22.Mini choklad jordnötssmör tårtor

INGREDIENSER:
- 1 paket (14 uns) färdiggjord kyld pajskalsdeg
- 1/2 kopp krämigt jordnötssmör
- 1/4 kopp strösocker
- 4 uns halvsöt choklad, hackad
- 1/4 kopp tung grädde
- Krossade jordnötter för garneprstan (valfritt)

INSTRUKTIONER:
a) Värm ugnen till 375°F (190°C). Smörj en minimuffinsform lätt.
b) Kavla ut pajskalsdegen på en lätt mjölad yta. Använd en rund skärare eller ett glas och skär ut cirklar av deg som är något större än håligheterna i minimuffinsformen.
c) Tryck ut varje cirkel av deg i de smorda minimuffinsformarna och forma minitårta skal.
d) I en skål, blanda ihop det krämiga jordnötssmöret och strösockret tills det är slätt och väl kombinerat.
e) Häll en liten mängd av jordnötssmörblandningen i varje minitårtskal, fördela det jämnt längs botten.
f) Värm den tunga grädden på medelvärme i en liten kastrull tills den precis börjar sjuda.
g) Lägg den hackade chokladen i en värmesäker skål. Häll den varma grädden över chokladen och låt stå i 1-2 minuter.
h) Rör ihop chokladen och grädden tills den är slät och glansig för att göra ganachen.
i) Häll chokladganachen över jordnötssmörslagret i varje minitårtskal, fyll dem nästan till toppen.
j) Låt chokladjordnötssmörtårtorna svalna i muffinsformen några minuter innan du lägger över dem på ett galler för att svalna helt.
k) Strö krossade jordnötter över tårtorna för garneprstan, om så önskas.
l) Kyl tårtorna i kylen i minst 30 minuter innan seveprstan.

23.Mini frukttårtor

INGREDIENSER:
- Förberedda mini tårta skal eller filokoppar
- Diverse färsk frukt
- 1 dl vaniljkräm eller vaniljkräm
- Pulversocker för att pudra (valfritt)
- Färska myntablad för garneprstan (valfritt)

INSTRUKTIONER:

a) Värm ugnen till den temperatur som anges på tårtskalsförpackningen eller receptet.

b) Om du använder filokoppar, grädda dem enligt anvisningarna på förpackningen och låt dem svalna.

c) Fyll varje syrta skal eller filokopp med en sked vaniljkräm eller vaniljkräm.

d) Ordna de färska frukterna ovanpå grädden och skapa en färgstark skärm.

e) Pudra med strösocker om så önskas och garnera med färska myntablad.

f) Servera dessa förtjusande minifrukttårtor som en söt och uppfriskande behandling.

24. Mini citrontarteletter

INGREDIENSER:
FÖR DE TÄRTA SKALEN:
- 1 ¼ koppar universalmjöl
- ¼ kopp strösocker
- ½ kopp osaltat smör, kallt och i tärningar

FÖR CITRONFYLLNING:
- ¾ kopp strösocker
- 2 msk majsstärkelse
- ¼ tesked salt
- 3 stora ägg
- ½ dl färskpressad citronsaft
- Skal av 2 citroner
- ¼ kopp osaltat smör, i tärningar

INSTRUKTIONER:
a) Blanda mjöl och strösocker i en matberedare. Tillsätt det kalla, tärnade smöret och pulsa tills blandningen liknar grova smulor.
b) Tryck ut blandningen i små tartelettformar, täck botten och sidorna jämnt. Nagga bottnarna med en gaffel.
c) Kyl tårtskalen i kylen i cirka 30 minuter.
d) Värm ugnen till 350°F (175°C).
e) Grädda tårtskalen i 12-15 minuter eller tills de blir gyllenbruna. Låt dem svalna helt.
f) I en kastrull, vispa ihop socker, majsstärkelse och salt. Vispa gradvis i ägg, citronsaft och citronskal.
g) Koka blandningen på medel-låg värme, rör hela tiden tills den tjocknar, ca 5-7 minuter.
h) Ta bort från värmen och rör ner det tärnade smöret tills det är slätt.
i) Fyll de avsvalnade tårtskalen med citronfyllningen.
j) Ställ i kylen minst 1 timme innan serveprstan. Eventuellt pudra över strösocker innan serveprstan.
k) Njut av dina Mini Lemon Tartlets!

25.Mini Choklad Ganache Tarteletter

INGREDIENSER:
FÖR DE TÄRTA SKALEN:
- 1 ¼ koppar universalmjöl
- ¼ kopp kakaopulver
- ¼ kopp strösocker
- ½ kopp osaltat smör, kallt och i tärningar

FÖR CHOKLAGDANACHEN:
- ½ kopp tung grädde
- 6 uns halvsöt choklad, finhackad
- 1 msk osaltat smör

INSTRUKTIONER:
a) I en matberedare, kombinera mjöl, kakaopulver och socker. Tillsätt det kalla, tärnade smöret och pulsa tills blandningen liknar grova smulor.
b) Tryck ut blandningen i små tartelettformar, täck botten och sidorna jämnt. Nagga bottnarna med en gaffel.
c) Kyl tårtskalen i kylen i cirka 30 minuter.
d) Värm ugnen till 350°F (175°C).
e) Grädda tårtskalen i 12-15 minuter eller tills de blivit lite fasta. Låt dem svalna helt.
f) Värm den tunga grädden på medelvärme i en liten kastrull tills den börjar sjuda.
g) Lägg den hackade chokladen i en värmesäker skål och häll den varma grädden över. Låt det sitta i en minut och rör sedan tills det är slätt.
h) Rör i matskeden smör tills det är helt införlivat.
i) Fyll de avsvalnade tårtskalen med chokladganachen.
j) Låt ganachen stelna i rumstemperatur i cirka 1 timme eller tills den stelnar.

26. Mini hallonmandeltarteletter

INGREDIENSER:
FÖR DE TÄRTA SKALEN:
- 1 ¼ koppar universalmjöl
- ¼ kopp strösocker
- ½ kopp osaltat smör, kallt och i tärningar

FÖR MANDELFYLLNING:
- ½ kopp mandelmjöl
- ¼ kopp strösocker
- ¼ kopp osaltat smör, mjukat
- 1 stort ägg
- ½ tesked mandelextrakt

FÖR MONTEPRSTAN:
- Färska hallon
- Skivad mandel

INSTRUKTIONER:
FÖRBERED TÄRTA SKAL:
a) Kombinera universalmjölet och strösockret i en mixerskål.
b) Tillsätt det kalla, osaltade smöret i tärningar till mjölblandningen.
c) Använd en konditor eller fingrarna för att arbeta in smöret i mjölet tills blandningen liknar grova smulor.

FORMA DEGEN:
d) Tillsätt gradvis det kalla vattnet till mjöl- och smörblandningen, lite i taget, och blanda tills degen precis går ihop.
e) Forma degen till en skiva, slå in den i plastfolie och låt den stå i kylen i minst 30 minuter.
f) Värm ugnen till 350°F (175°C).
g) På en mjölad yta, kavla ut den kylda degen till cirka ⅛-tums tjocklek.
h) Använd en rund skärare eller ett glas för att skära ut cirklar som är något större än de mini tarteletformar du använder.
i) Tryck försiktigt ut degcirklarna i minitarteletformarna, se till att de täcker botten och sidorna jämnt. Putsa eventuell överflödig deg.
j) Kombinera mandelmjöl, strösocker, mjukt osaltat smör, ägg och mandelextrakt i en blandningsskål. Blanda tills det är väl blandat.

FYLL TARTLETT SKAL:

k) Häll mandelfyllningen jämnt i varje tartelettskal, fyll dem ungefär halvvägs.

l) Lägg färska hallon ovanpå mandelfyllningen i varje tartelettskal. Du kan ordna dem som du vill, men att täcka ytan med hallon ser tilltalande ut.

BAKA TARLETTERNA:

m) Lägg de fyllda tartelettformarna på en plåt och grädda i den förvärmda ugnen i cirka 15-18 minuter, eller tills mandelfyllningen stelnat och kanterna på tarteletterna är gyllenbruna.

n) Låt mini hallonmandeltarteletterna svalna något innan du tar ut dem från tartelettformarna.

o) Eventuellt, strö skivad mandel över toppen av tarteletterna för extra crunch och dekoration.

p) Servera tarteletterna varma eller rumstemperatur som en härlig dessert eller goding.

27.Mini Salta Quiche Lorrainetarteletter

INGREDIENSER:
FÖR DE TÄRTA SKALEN:
- 1 ¼ koppar universalmjöl
- ¼ kopp osaltat smör, kallt och i tärningar
- ¼ tesked salt
- ¼ kopp isvatten

FÖR QUICHEFYLLNING:
- 4 skivor bacon, hackad
- ½ kopp riven Gruyereost
- 2 stora ägg
- 1 kopp tung grädde
- Salta och peppra efter smak
- Nypa muskotnöt

INSTRUKTIONER:
FÖRBERED TÄRTA SKAL:
a) Kombinera allsidigt mjöl och salt i en mixerskål.
b) Tillsätt det kalla, osaltade smöret i tärningar till mjölblandningen.
c) Använd en konditor eller fingrarna för att arbeta in smöret i mjölet tills blandningen liknar grova smulor.
d) Tillsätt isvattnet gradvis, lite i taget, och blanda tills degen precis går ihop.
e) Forma degen till en skiva, slå in den i plastfolie och låt den stå i kylen i minst 30 minuter.
f) Värm ugnen till 375°F (190°C).
g) På en mjölad yta, kavla ut den kylda degen till cirka ⅛-tums tjocklek.
h) Använd en rund skärare eller ett glas för att skära ut cirklar som är något större än de mini tartelettformar du använder.
i) Tryck försiktigt ut degcirklarna i tartelettformarna, se till att de täcker botten och sidorna jämnt. Putsa eventuell överflödig deg.

BLINDBAKA TÄRTSKALEN:
j) Klä tartelettskalen med bakplåtspapper och fyll dem med pajvikter eller torkade bönor för att förhindra att degen blåser upp under gräddningen.

k) Grädda i den förvärmda ugnen i cirka 10-12 minuter, eller tills kanterna på tårtskalen är lätt gyllene.
l) Ta bort bakplåtspapper och vikter och grädda sedan i ytterligare 5-7 minuter tills botten är lätt gyllene.
m) Ta ut tartelettskalen från ugnen och ställ dem åt sidan för att svalna.

FÖRBERED quichefyllningen:
n) Koka det hackade baconet på medelvärme i en stekpanna tills det blir knaprigt. Ta bort överflödigt fett.
o) Strö över den rivna gruyereosten och det kokta baconet jämnt i de bakade tartelettskalen.
p) Vispa ihop ägg, grädde, salt, peppar och en nypa muskotnöt i en bunke tills de är väl kombinerade.
q) Häll försiktigt äggblandningen över osten och baconet i varje tartelettskal, fyll dem till toppen.

BAKA QUICHE-TARLETTERNA:
r) Lägg de fyllda tartelettformarna på en plåt och grädda i den förvärmda ugnen i cirka 20-25 minuter, eller tills quichen stelnat och lätt uppblåst.
s) Quichetarletterna ska ha en gyllenbrun topp när de är klara.
t) Låt Mini Savory Quiche Lorrainetarletterna svalna i några minuter innan du försiktigt tar bort dem från tartelettformarna.
u) Servera quiche-tarletterna varma eller i rumstemperatur som en härlig förrätt eller mellanmål.

TORTE POPS OCH BULAR

28. Funfetti Confetti Torte Pops

INGREDIENSER:
FÖR TORTE POPS:
- 1 ask funfetti kakmix
- 1/2 kopp osaltat smör, mjukat
- 1/2 kopp helmjölk
- 3 stora ägg
- 1/2 kopp färgglada konfetti strössel

FÖR GODISBELAGNING:
- 12 oz vitt godis smälter eller vita chokladchips
- 2 matskedar vegetabilisk olja eller matfett
- Ytterligare färgglada konfetti strössel (för garneprstan)

FÖR MONTEPRSTAN AV TORTE POPS:
- Torte pop sticks eller klubbor

INSTRUKTIONER:
FÖR TORTE POPS:
a) Värm ugnen till den temperatur som anges på kakmixboxen.
b) Smörj och mjöla en ugnsform eller klä den med bakplåtspapper.
c) I en blandningsskål, förbered funfetti-kakablandningen enligt anvisningarna på förpackningen, med osaltat smör, helmjölk och ägg.
d) Vänd försiktigt ner de färgglada konfettiströsseln i kaksmeten tills den är jämnt fördelad.
e) Grädda kakan i den förvärmda ugnen tills en tandpetare som sticks in i mitten kommer ut ren.
f) Låt kakan svalna helt.
g) Så här sätter du ihop torte pops:
h) Smula den avsvalnade kakan till fina smulor med händerna eller en matberedare.
i) Rulla blandningen till små kakbollar, ungefär lika stora som en pingisboll, och lägg dem på en bakplåtspappersklädd plåt.
j) Kyl kakbollarna i kylen i cirka 30 minuter eller tills de är fasta.

FÖR GODISBELAGNING:
k) I en mikrovågssäker skål, smält den vita godismelten eller vita chokladchips med vegetabilisk olja eller matfett i korta intervaller, rör om tills den är slät.

ATT AVSLUTA:
l) Doppa spetsen på en torte pop stick i den smälta godisbeläggningen och sätt in den i mitten av en kyld kakboll, ungefär halvvägs.
m) Doppa hela kakbollen i den smälta godisöverdraget och se till att den är helt täckt.
n) Strö omedelbart den belagda torte pop med färgglada konfetti strössel innan beläggningen sätter.
o) Ställ torte pops upprätt i ett frigolitblock eller ett torte pop-ställ så att godisöverdraget stelnar helt.

29.Klassisk Vanilj Torte Pops

INGREDIENSER:
FÖR TORTE POPS:
- 1 låda vaniljkakemix
- 1/2 kopp osaltat smör, mjukat
- 1/2 kopp helmjölk
- 3 stora ägg

FÖR FROSTNING:
- 1/2 kopp osaltat smör, mjukat
- 2 koppar strösocker
- 1 tsk vaniljextrakt
- 2 matskedar helmjölk

FÖR GODISBELAGNING:
- 12 oz vitt godis smälter eller vita chokladchips
- Färgglada strössel (valfritt)

FÖR MONTEPRSTAN AV TORTE POPS:
- Torte pop sticks eller klubbor

INSTRUKTIONER:
FÖR TORTE POPS:
a) Värm ugnen till den temperatur som anges på kakmixboxen.
b) Smörj och mjöla en ugnsform eller klä den med bakplåtspapper.
c) I en mixerskål, förbered vaniljkakeblandningen enligt anvisningarna på förpackningen, med osaltat smör, helmjölk och ägg.
d) Grädda kakan i den förvärmda ugnen tills en tandpetare som sticks in i mitten kommer ut ren.
e) Låt kakan svalna helt.

FÖR FROSTNING:
f) Vispa det mjukade smöret i en separat bunke tills det är slätt och krämigt.
g) Tillsätt gradvis strösocker, vaniljextrakt och helmjölk och fortsätt att vispa tills frostingen är slät och bredbar.

SÅ HÄR MONTERAR DU TORTE POPS:
h) Smula den avsvalnade kakan till fina smulor med händerna eller en matberedare.

i) Tillsätt frostingen till kaksmulorna och blanda tills det är väl blandat.
j) Rulla blandningen till små kakbollar, ungefär lika stora som en pingisboll, och lägg dem på en bakplåtspappersklädd plåt.
k) Kyl kakbollarna i kylen i cirka 30 minuter eller tills de är fasta.

FÖR GODISBELAGNING:

l) Smält den vita godismelten eller vita chokladchips enligt anvisningarna på förpackningen, med hjälp av en mikrovågsugn eller en dubbelpanna.
m) Doppa spetsen på en torte pop stick i den smälta godisbeläggningen och sätt in den i mitten av en kyld kakboll, ungefär halvvägs.
n) Doppa hela torte pop i den smälta godisbeläggningen och se till att den är helt belagd.
o) Tillsätt färgglada strössel (om så önskas) medan beläggningen fortfarande är våt.

ATT AVSLUTA:

p) Ställ torte pops upprätt i ett frigolitblock eller ett torte pop-ställ så att godisöverdraget stelnar helt.

30.Choklad Fudge Torte Žogas

INGREDIENSER:
FÖR Tårtbollarna:
- 1 ask choklad fudge kakmix
- 1/2 kopp osaltat smör, mjukat
- 1/2 kopp helmjölk
- 3 stora ägg

FÖR CHOKLADTRÄCKET:
- 12 oz halvsöta chokladchips eller mörk choklad smälter
- 2 matskedar vegetabilisk olja eller matfett
- Chokladströssel eller krossade nötter (valfritt, för garneprstan)

FÖR MONTEPRSTAN AV TÅRKBULAR:
- Torte pop sticks eller klubbor

INSTRUKTIONER:
FÖR Tårtbollarna:
a) Värm ugnen till den temperatur som anges på kakmixboxen.
b) Smörj och mjöla en ugnsform eller klä den med bakplåtspapper.
c) I en blandningsskål, förbered chokladfudge-kakablandningen enligt anvisningarna på förpackningen, med osaltat smör, helmjölk och ägg.
d) Grädda kakan i den förvärmda ugnen tills en tandpetare som sticks in i mitten kommer ut ren.
e) Låt kakan svalna helt.

SÅ HÄR MONTERAR DU TÅRKBULAR:
f) Smula den avsvalnade kakan till fina smulor med händerna eller en matberedare.
g) Rulla kaksmulorna till små kakbollar, ungefär lika stora som en pingisboll, och lägg dem på en bakplåtspappersklädd plåt.
h) Kyl kakbollarna i kylen i cirka 30 minuter eller tills de är fasta.

FÖR CHOKLADTRÄCKET:
i) I en mikrovågssäker skål, smält de halvsöta chokladchipsen eller den mörka chokladsmältan med vegetabilisk olja eller matfett i korta intervaller, rör om tills den är slät.
j) Att avsluta:
k) Doppa spetsen på en torte pop stick i den smälta chokladen och sätt in den i mitten av en kyld kakboll, ungefär halvvägs.
l) Doppa hela kakbollen i den smälta chokladen och se till att den är helt täckt.
m) Garnera med chokladströssel eller krossade nötter (om så önskas) medan beläggningen fortfarande är våt.
n) Ställ tårtbollarna upprätt i ett frigolitblock eller ett torte pop-ställ så att chokladöverdraget stelnar helt.

31. Citron Hallon Torte Pops

INGREDIENSER:
FÖR TORTE POPS:
- 1 låda citronkakamix
- 1/2 kopp osaltat smör, mjukat
- 1/2 kopp helmjölk
- 3 stora ägg
- Skal av en citron

FÖR HALLONFYLLNING:
- 1 kopp färska hallon
- 2 matskedar strösocker

FÖR GODISBELAGNING:
- 12 oz vitt godis smälter eller vita chokladchips
- Gul eller rosa matfärg (valfritt)
- Citronskal (till garneprstan, valfritt)

FÖR MONTEPRSTAN AV TORTE POPS:
- Torte pop sticks eller klubbor

INSTRUKTIONER:

FÖR TORTE POPS:

a) Värm ugnen till den temperatur som anges på kakmixboxen.
b) Smörj och mjöla en ugnsform eller klä den med bakplåtspapper.
c) I en mixerskål, förbered citronkakablandningen enligt anvisningarna på förpackningen, med osaltat smör, helmjölk, ägg och citronskal.
d) Grädda kakan i den förvärmda ugnen tills en tandpetare som sticks in i mitten kommer ut ren.
e) Låt kakan svalna helt.

FÖR HALLONFYLLNING:

f) Mosa de färska hallonen med strösocker i en separat skål tills de bildar en slät puré.

SÅ HÄR MONTERAR DU TORTE POPS:

g) Smula den avsvalnade kakan till fina smulor med händerna eller en matberedare.
h) Blanda i hallonpurén i kaksmulorna tills det är väl blandat.
i) Rulla blandningen till små kakbollar, ungefär lika stora som en pingisboll, och lägg dem på en bakplåtspappersklädd plåt.
j) Kyl kakbollarna i kylen i cirka 30 minuter eller tills de är fasta.

FÖR GODISBELAGNING:

k) Smält den vita godismelten eller vita chokladchips enligt anvisningarna på förpackningen, med hjälp av en mikrovågsugn eller en dubbelpanna.
l) Tillsätt eventuellt några droppar gul eller rosa matfärg till den smälta godisbeläggningen för att få en pastellfärgad nyans.
m) Doppa spetsen på en torte pop stick i den smälta godisbeläggningen och sätt in den i mitten av en kyld kakboll, ungefär halvvägs.
n) Doppa hela torte pop i den smälta godisbeläggningen och se till att den är helt belagd.

ATT AVSLUTA:

o) Eventuellt, garnera varje torte pop med ett stänk av citronskal för en extra burk av citronsmak.
p) Ställ torte pops upprätt i ett frigolitblock eller ett torte pop-ställ så att godisöverdraget stelnar helt.

32. Rdeči žametKrema Sir Torte Žogas

INGREDIENSER:

FÖR Tårtbollarna:
- 1 låda röd sammet kakmix
- 1/2 kopp osaltat smör, mjukat
- 1/2 kopp kärnmjölk
- 3 stora ägg

FÖR GREOSTFROSTNING:
- 1 paket (8 oz) färskost, mjukad
- 1/4 kopp osaltat smör, mjukat
- 3 koppar strösocker
- 1 tsk vaniljextrakt

FÖR GODISBELAGNING:
- 12 oz vitt godis smälter eller vita chokladchips
- Röd gel matfärgning (valfritt)
- Röd sammetstårta (till garneprstan, valfritt)

FÖR MONTEPRSTAN AV TÅRKBULAR:
- Torte pop sticks eller klubbor

INSTRUKTIONER:

FÖR Tårtbollarna:
a) Värm ugnen till den temperatur som anges på kakmixboxen.
b) Smörj och mjöla en ugnsform eller klä den med bakplåtspapper.
c) I en blandningsskål förbereder du kakmixen med röd sammet enligt anvisningarna på förpackningen, med osaltat smör, kärnmjölk och ägg.
d) Grädda kakan i den förvärmda ugnen tills en tandpetare som sticks in i mitten kommer ut ren.
e) Låt kakan svalna helt.

FÖR GREOSTFROSTNING:
f) Vispa den mjukgjorda färskosten och smöret i en separat mixerskål tills den är slät och krämig.
g) Tillsätt florsockret och vaniljextraktet gradvis och fortsätt att vispa tills frostingen är slät och bredbar.

SÅ HÄR MONTERAR DU TÅRKBULAR:
h) Smula den avsvalnade kakan till fina smulor med händerna eller en matberedare.

i) Blanda i krema sir frostingen i kaksmulorna tills det är väl blandat.
j) Rulla blandningen till små kakbollar, ungefär lika stora som en pingisboll, och lägg dem på en bakplåtspappersklädd plåt.
k) Kyl kakbollarna i kylen i cirka 30 minuter eller tills de är fasta.

FÖR GODISBELAGNING:
l) Smält den vita godismelten eller vita chokladchips enligt anvisningarna på förpackningen, med hjälp av en mikrovågsugn eller en dubbelpanna.
m) Tillsätt eventuellt några droppar röd gelmatfärg till den smälta godisbeläggningen för att få en livlig röd färg.

ATT AVSLUTA:
n) Doppa spetsen på en torte pop stick i den smälta godisbeläggningen och sätt in den i mitten av en kyld kakboll, ungefär halvvägs.
o) Doppa hela kakbollen i den smälta godisöverdraget och se till att den är helt täckt.
p) Eventuellt, garnera varje kakboll med ett stänk av röd sammetstårtsmulor för en charmig touch.
q) Ställ tårtbollarna upprätt i ett frigolitblock eller ett torte pop-ställ så att godisöverdraget stelnar helt.

33.Kakor Och Krema Torte Pops

INGREDIENSER:
FÖR TORTE POPS:
- 1 ask chokladkakamix
- 1/2 kopp osaltat smör, mjukat
- 1/2 kopp helmjölk
- 3 stora ägg
- 1 kopp krossade smörgåskakor med choklad (som Oreo)

FÖR DEN VITA CHOKLADBESKÄPRSTANEN:
- 12 oz vitt godis smälter eller vita chokladchips
- 2 matskedar vegetabilisk olja eller matfett

FÖR MONTEPRSTAN AV TORTE POPS:
- Torte pop sticks eller klubbor

INSTRUKTIONER:
FÖR TORTE POPS:
a) Värm ugnen till den temperatur som anges på kakmixboxen.
b) Smörj och mjöla en ugnsform eller klä den med bakplåtspapper.
c) I en mixerskål, förbered chokladkakablandningen enligt anvisningarna på förpackningen, med osaltat smör, helmjölk och ägg.
d) Vänd ner smörgåskakorna med krossad choklad i kaksmeten tills de är väl blandade.
e) Grädda kakan i den förvärmda ugnen tills en tandpetare som sticks in i mitten kommer ut ren.
f) Låt kakan svalna helt.

SÅ HÄR MONTERAR DU TORTE POPS:
g) Smula den avsvalnade kakan till fina smulor med händerna eller en matberedare.
h) Rulla blandningen till små kakbollar, ungefär lika stora som en pingisboll, och lägg dem på en bakplåtspapperklädd plåt.
i) Kyl kakbollarna i kylen i cirka 30 minuter eller tills de är fasta.

FÖR DEN VITA CHOKLADBESKÄPRSTANEN:
j) I en mikrovågssäker skål, smält den vita godismelten eller vita chokladchips med vegetabilisk olja eller matfett i korta intervaller, rör om tills den är slät.

ATT AVSLUTA:
k) Doppa spetsen på en torte pop sticka i den smälta vita chokladen och sätt in den i mitten av en kyld kakboll, ungefär halvvägs.
l) Doppa hela torte pop i den smälta vita chokladen och se till att den är helt täckt.
m) Eventuellt kan du dekorera torte pops med ytterligare krossade chokladsmörgåskakor på toppen medan beläggningen fortfarande är våt.
n) Ställ torte pops upprätt i ett frigolitblock eller ett torte pop-ställ så att den vita chokladöverdraget stelnar helt.

34.Saltade kolatårtabollar

INGREDIENSER:

FÖR Tårtbollarna:
- 1 låda kola kakmix
- 1/2 kopp osaltat smör, mjukat
- 1/2 kopp helmjölk
- 3 stora ägg

FÖR SALTA KARAMELLFYLLNING:
- 1 kopp köpt eller hemlagad kolasås
- 1/2 tsk havssalt

FÖR GODISBELAGNING:
- 12 oz karamellsmakande godis smälter
- 2 matskedar vegetabilisk olja eller matfett
- Grovt havssalt (till garneprstan, valfritt)

FÖR MONTEPRSTAN AV TÅRKBULAR:
- Torte pop sticks eller klubbor

INSTRUKTIONER:
FÖR Tårtbollarna:
a) Värm ugnen till den temperatur som anges på kakmixboxen.
b) Smörj och mjöla en ugnsform eller klä den med bakplåtspapper.
c) I en blandningsskål, förbered kolakakamixen enligt anvisningarna på förpackningen, med osaltat smör, helmjölk och ägg.
d) Grädda kakan i den förvärmda ugnen tills en tandpetare som sticks in i mitten kommer ut ren.
e) Låt kakan svalna helt.

FÖR SALTA KARAMELLFYLLNING:
f) Blanda kolasåsen med havssalt i en separat skål tills den är väl blandad.

SÅ HÄR MONTERAR DU TÅRKBULAR:
g) Smula den avsvalnade kakan till fina smulor med händerna eller en matberedare.
h) Blanda i den saltade kolafyllningen i kaksmulorna tills den är väl blandad.
i) Rulla blandningen till små kakbollar, ungefär lika stora som en pingisboll, och lägg dem på en bakplåtspappersklädd plåt.
j) Kyl kakbollarna i kylen i cirka 30 minuter eller tills de är fasta.

FÖR GODISBELAGNING:
k) I en mikrovågssäker skål, smält karamellsmakssmältan eller karamellsmaksatt choklad med vegetabilisk olja eller matfett i korta intervaller, rör om tills det är slätt.
l) Att avsluta:
m) Doppa spetsen på en torte pop stick i den smälta godisbeläggningen och sätt in den i mitten av en kyld kakboll, ungefär halvvägs.
n) Doppa hela kakbollen i den smälta godisöverdraget och se till att den är helt täckt.
o) Eventuellt, strö varje kakboll med en nypa grovt havssalt för en extra smakbit.
p) Ställ tårtbollarna upprätt i ett frigolitblock eller ett torte pop-ställ så att godisöverdraget stelnar helt.

35.Jagoda Sirtorte Torte Žogas

INGREDIENSER:
FÖR Tårtbollarna:
- 1 låda jordgubbstårtamix
- 1/2 kopp osaltat smör, mjukat
- 1/2 kopp helmjölk
- 3 stora ägg

FÖR CHEESTORTE-FYLLNING:
- 1 paket (8 oz) färskost, mjukad
- 1/4 kopp strösocker
- 1 tsk vaniljextrakt

FÖR GODISBELAGNING:
- 12 oz vitt godis smälter eller vita chokladchips
- 2 matskedar vegetabilisk olja eller matfett

FÖR JORDGubbsglasyren :
- 1 kopp färska jordgubbar, hackade
- 1/4 kopp strösocker
- 1 matsked majsstärkelse
- 1 matsked vatten

FÖR MONTEPRSTAN AV TÅRKBULAR:
- Torte pop sticks eller klubbor

INSTRUKTIONER:
FÖR Tårtbollarna:
a) Värm ugnen till den temperatur som anges på kakmixboxen.
b) Smörj och mjöla en ugnsform eller klä den med bakplåtspapper.
c) I en blandningsskål förbereder du jordgubbstårtblandningen enligt anvisningarna på förpackningen, med osaltat smör, helmjölk och ägg.
d) Grädda kakan i den förvärmda ugnen tills en tandpetare som sticks in i mitten kommer ut ren.
e) Låt kakan svalna helt.

FÖR CHEESTORTE-FYLLNING:
f) Vispa den mjukgjorda färskosten, strösockret och vaniljextraktet i en separat blandningsskål tills den är slät och krämig.
g) Så här sätter du ihop kakbollarna:

h) Smula den avsvalnade kakan till fina smulor med händerna eller en matberedare.
i) Blanda i sirtortefyllningen i kaksmulorna tills den är väl blandad.
j) Rulla blandningen till små kakbollar, ungefär lika stora som en pingisboll, och lägg dem på en bakplåtspappersklädd plåt.
k) Kyl kakbollarna i kylen i cirka 30 minuter eller tills de är fasta.

FÖR GODISBELAGNING:
l) I en mikrovågssäker skål, smält den vita godismelten eller vita chokladchips med vegetabilisk olja eller matfett i korta intervaller, rör om tills den är slät.

FÖR JORDGubbsglasyren :
m) I en kastrull, kombinera de hackade jordgubbarna, strösocker, majsstärkelse och vatten.
n) Koka på medelvärme, rör hela tiden tills blandningen tjocknar och jordgubbarna bryts ner till en glasyrliknande konsistens.
o) Ta bort från värmen och låt jordgubbsglasyren svalna.

ATT AVSLUTA:
p) Doppa spetsen på en torte pop stick i den smälta godisbeläggningen och sätt in den i mitten av en kyld kakboll, ungefär halvvägs.
q) Doppa hela kakbollen i den smälta godisöverdraget och se till att den är helt täckt.
r) Prstanla varje kakboll med den kylda jordgubbsglasyren för en härlig finish.
s) Ställ tårtbollarna upprätt i ett frigolitblock eller ett torte pop-ställ så att godisöverdraget stelnar helt.

MINI SMÖRGÅR

36.Mini Caprese smörgåsar

INGREDIENSER:
- 12 minisliderbullar eller middagsrullar
- 12 skivor färsk mozzarellaost
- 2 tomater, skivade
- Färska basilikablad
- Balsamico glasyr
- Salta och peppra efter smak

INSTRUKTIONER:

a) Dela minisliderbullarna eller middagsrullarna på mitten horisontellt.

b) Lägg en skiva mozzarellaost, en skiva tomat och några basilikablad på den nedre halvan av varje bulle.

c) Prstanla över balsamicoglasyr och smaka av med salt och peppar.

d) Lägg den övre halvan av bullen på fyllningarna.

e) Säkra minismörgåsarna med tandpetare om så önskas.

f) Servera och njut av dessa uppfriskande Caprese-mackor.

37.Mini kyckling sallad smörgåsar

INGREDIENSER:
- 12 mini croissanter eller små frallor
- 2 dl tillagat kycklingbröst, strimlat eller tärnat
- ½ kopp majonnäs
- 1 msk dijonsenap
- ¼ kopp selleri, finhackad
- 2 salladslökar, tunt skivade
- Salta och peppra efter smak

INSTRUKTIONER:
a) Blanda det strimlade eller tärnade kycklingbröstet, majonnäs, dijonsenap, selleri och salladslök i en skål tills det är väl kombinerat.
b) Krydda med salt och peppar efter smak.
c) Dela minicroissanterna eller frallorna på mitten horisontellt.
d) Häll en rejäl mängd av kycklingsalladen på den nedre halvan av varje croissant eller rulle.
e) Lägg den övre halvan av croissanten eller rulla på fyllningen.
f) Säkra minismörgåsarna med tandpetare om så önskas.
g) Servera och njut av dessa smakrika kycklingsalladsmackor.

38. Minikalkon och tranbärsmörgåsar

INGREDIENSER:

- 12 mini middagsfrallor eller små frallor
- 12 skivor kalkonbröst
- ½ kopp tranbärssås
- Handfull babyspenat eller ruccolablad
- ¼ kopp färskost
- Salta och peppra efter smak

INSTRUKTIONER:

a) Dela middagsrullarna eller semlarna på mitten horisontellt.
b) Bred färskost på den nedre halvan av varje rulle.
c) Varva skivat kalkonbröst, en sked tranbärssås och några babyspenat eller ruccolablad ovanpå färskosten.
d) Krydda med salt och peppar efter smak.
e) Lägg den övre halvan av rullen på fyllningarna.
f) Säkra minismörgåsarna med tandpetare om så önskas.

39.Mini Skinka Och Ost Sliders

INGREDIENSER:
- 12 minisliderbullar eller middagsrullar
- 12 skivor skinka
- 12 skivor ost (som cheddar, schweizisk eller provolone)
- 2 msk dijonsenap
- 2 msk majonnäs
- 2 msk smör, smält
- ½ tsk vitlökspulver
- ½ tsk vallmofrön (valfritt)

INSTRUKTIONER:
a) Värm ugnen till 350°F (175°C).
b) Skär skjutbullarna eller middagsrullarna på mitten horisontellt.
c) Bred dijonsenap på den nedre halvan av varje bulle och majonnäs på den övre halvan.
d) Varva skivad skinka och ost på den nedre halvan av varje bulle.
e) Lägg den övre halvan av bullen på fyllningarna för att skapa smörgåsar.
f) Lägg smörgåsarna i en ugnsform.
g) Blanda smält smör med vitlökspulver i en liten skål. Pensla blandningen över smörgåsarnas toppar.
h) Strö vallmofrön över smörgåsarna om så önskas.
i) Täck ugnsformen med folie och grädda i 10-15 minuter eller tills osten smält och bullarna är lätt rostade.
j) Servera dessa varma och ostliknande skink- och ostskivor.

40.Mini Veggie Club smörgåsar

INGREDIENSER:
- 12 mini pitabockar eller små frallor
- ½ kopp hummus
- 12 skivor gurka
- 12 skivor tomat
- 12 skivor avokado
- En handfull sallad eller groddar
- Salta och peppra efter smak

INSTRUKTIONER:
a) Dela mini pitabrödfickorna eller semlor på mitten horisontellt.
b) Bred ut hummus på den nedre halvan av varje ficka eller rulle.
c) Varva gurkskivor, tomatskivor, avokadoskivor och sallad eller groddar ovanpå hummusen.
d) Krydda med salt och peppar efter smak.
e) Placera den övre halvan av fickan eller rulla på fyllningarna.
f) Säkra minismörgåsarna med tandpetare om så önskas.
g) Servera och njut av dessa smakrika vegoklubbsmörgåsar.

SMÅKAKOR

41. Kprstanla Och Karamellkakor

INGREDIENSER:

- 1 paket chokladkakamix (vanlig storlek)
- 1/2 kopp smör, smält
- 2 stora ägg, rumstempererade
- 1 kopp trasiga miniatyrkprstanlor, delade
- 1 kopp halvsöt chokladchips
- 2 msk saltad kola topping

INSTRUKTIONER:

a) Värm ugnen till 350°. Kombinera kakmix, smält smör och ägg; vispa tills det blandas. Rör ner 1/2 dl kprstanlor, chokladchips och kolatoppning.

b) Häll av rundade matskedar med 2 tums mellanrum på smorda bakplåtar. Platta till något med botten av ett glas; tryck ut resterande kprstanlor på toppen av varje. Grädda 8-10 minuter eller tills den stelnat.

c) Kyl på pannor 2 minuter. Ta upp till galler för att svalna helt.

42. Hampa Buckeye Cookie

INGREDIENSER:

- 1 paket chokladkakamix (vanlig storlek)
- 2 stora ägg, rumstempererade
- 1/2 kopp olja
- 1 kopp halvsöt chokladchips
- 1 kopp krämigt jordnötssmör
- 1/2 kopp konditorsocker

INSTRUKTIONER:

a) Värm ugnen till 350°.
b) I en stor skål, kombinera kakmix, ägg och olja tills det blandas. Rör ner chokladbitar. Tryck ut halva degen till en 10-in. gjutjärn eller annan ugnsfast stekpanna.
c) Kombinera jordnötssmör och konditorsocker; bred över degen i stekpanna.
d) Tryck ut resterande deg mellan bakplåtspapper till en 10-tum. cirkel; lägg över fyllningen.
e) Grädda tills en tandpetare i mitten kommer ut med fuktiga smulor, 20-25 minuter.

43. Torte Mix Sandwich Cookies

INGREDIENSER:

- 1 18,25-ounce box chokladkaka mix
- 1 ägg, rumstempererat
- ½ kopp smör
- 1 12-ounce badkar vaniljfrosting

INSTRUKTIONER:

a) Värm ugnen till 350°F.
b) Täck en bakplåt med ett lager bakplåtspapper. Avsätta.
c) I en stor blandningsskål, kombinera kakmix, ägg och smör. Använd en elektrisk mixer för att skapa en slät, enhetlig smet.
d) Rulla kakdegen till 1" bollar och lägg dem på en plåt. Tryck på varje boll med en sked för att platta till. Grädda i 10 minuter.
e) Låt kakorna svalna helt innan du lägger ett lager frosting mellan två kakor.

44. Granola & Chokladkakor

INGREDIENSER:

- 1 18,25- ounce chokladkakamix
- ¾ kopp smör, mjukat
- ½ kopp packat farinsocker
- 2 ägg
- 1 kopp granola
- 1 kopp vita chokladchips
- 1 kopp torkade körsbär

INSTRUKTIONER:

a) Värm ugnen till 375°F.
b) I en stor skål, kombinera kakmix, smör, farinsocker och ägg och vispa tills smeten bildas.
c) Rör ner granola och vita chokladchips. Släpp av teskedar med cirka 2 tums mellanrum på osmorda kakplåtar.
d) Grädda i 10–12 minuter eller tills kakorna är ljust gyllenbruna runt kanterna.
e) Svalna på plåtar i 3 minuter och ta sedan ut dem på ett galler.

45.Tårtlåda Sockerkakor

INGREDIENSER:

- 1 18,25-ounce vit chokladkakamix
- ¾ kopp smör
- 2 äggvitor
- 2 msk lätt grädde

INSTRUKTIONER:

a) Lägg kakmixen i en stor skål. Använd en konditorblandare eller två gafflar och skär i smör tills partiklarna är fina.
b) Blanda i äggvita och grädde tills det är blandat. Forma degen till en boll och täck.
c) Kyl i minst två timmar och så många som 8 timmar i kylskåp.
d) Förvärm ugnen till 375°F.
e) Rulla degen till 1" bollar och lägg på osmorda plåtar. Platta till ¼" tjocklek med botten av glaset.
f) Grädda i 7–10 minuter eller tills kakans kanter är ljusbruna.
g) Svalna på plåtar i 2 minuter och ta sedan ut dem på galler för att svalna helt.

46.Tyska tårtlåda kakor

INGREDIENSER:

- 1 18,25-ounce ask tysk chokladkakamix
- 1 kopp halvsöt chokladchips
- 1 kopp havregryn
- ½ kopp olja
- 2 ägg, lätt vispade
- ½ kopp russin
- 1 tsk vanilj

INSTRUKTIONER:

a) Värm ugnen till 350°F.
b) Kombinera alla ingredienser. Blanda väl med en elektrisk mixer inställd på låg hastighet. Om det utvecklas mjöliga smulor, tillsätt en klick vatten.
c) Släpp degen med skedar på ett osmordt bakplåtspapper.
d) Grädda i 10 minuter.
e) Kyl helt innan du lyfter kakorna från plåten och över på ett serveprstansfat.

KRÄMPUFFAR

47. Cocktail Krema Puffs

INGREDIENSER:
- ½ kopp Smör
- 1 kopp Mjöl
- 4 ägg
- 1 kopp Kokande vatten
- 2 matskedar Smör
- 1 kopp Pekannötter, hackade
- 1½ kopp Kyckling, tillagad
- ¼ tesked Salt
- 3 uns färskost
- ¼ kopp Majonnäs
- ¼ tesked Citronskal

INSTRUKTIONER:

a) Blanda smör och kokande vatten i en kastrull. Tillsätt mjöl och salt och låt koka i cirka 2 minuter eller tills det bildar en mjuk boll. Tillsätt äggen, ett i taget, vispa väl.

b) Släpp teskedar av blandningen på en smord plåt. Grädda i 20 - 22 minuter i 425 grader. Kyl på galler.

c) Smält smör i en stekpanna; tillsätt pekannötter och koka på låg värme tills de är bruna. Kyl och blanda de återstående ingredienserna. Använd för att fylla gräddpuffar.

d) Skär en skiva av toppen av puffen och fyll den med kycklingfyllning. Byt toppar.

48. Hallon Krema Puffs

INGREDIENSER:
- 1 kopp vatten
- ½ kopp osaltat smör
- 1 kopp universalmjöl
- 4 stora ägg
- ¼ tesked salt
- 1 kopp tung grädde
- ½ dl hallonsylt

INSTRUKTIONER:
a) Värm ugnen till 425°F (220°C).
b) Koka upp vatten, salt och smör i en kastrull.
c) Rör ner mjöl tills en smidig deg bildas.
d) Ta bort från värmen, låt svalna något.
e) Tillsätt äggen ett i taget, blanda väl efter varje.
f) Lägg skedar på en plåt.
g) Grädda i 20-25 minuter.
h) Vispa grädden tills det bildas hårda toppar.
i) Skär puffarna på mitten och fyll dem med hallonsylt och vispgrädde.

49.Hasselnöt Och Rostad Marshmallow Krema Puffs

INGREDIENSER:
HASSELNÖTSPRALINE:
- 100 g hasselnötter
- 30 g strösocker
- 12g vatten

PRALINBAGSKRÄM:
- 142 g helmjölk
- 75 g pralinpasta
- 230 g tung grädde
- 50 g strösocker
- 22 g majsstärkelse
- 45 g äggulor
- 45 g osaltat smör, i rumstemperatur

COOKIES FÖR CHOUX:
- 180g ljust farinsocker
- 150 g universalmjöl
- 30 g mandelmjöl
- 85 g osaltat smör, skuret i ¼-tums bitar

PÂTE À CHOUX:
- 250 g vatten
- 125 g osaltat smör, i rumstemperatur
- 2,5 g koshersalt
- 138g universalmjöl
- 250 till 275 g ägg

SCHWEIZISK MARÄNG:
- 100 g äggvita
- 150 g strösocker

INSTRUKTIONER:
HASSELNÖTSPRALINE:
a) Värm ugnen till 300°F. Klä en plåt med bakplåtspapper och rosta hasselnötterna tills de är mycket lätt gyllenbruna. Rosta inte för mycket, eftersom de kommer att fortsätta koka när de är karamelliserade.
b) Gnid hasselnötterna för att ta bort skalet.
c) Blanda sockret och vattnet i en liten kastrull på medelvärme. Koka upp och koka i 1 minut.
d) Tillsätt de varma hasselnötterna och rör om tills de är jämnt belagda och karamelliserade.
e) Överför de karamelliserade hasselnötterna till en bakplåtspappersklädd plåt för att svalna helt.
f) Mixa 80 g av de karamelliserade hasselnötterna tills det liknar majsmjöl, tillsätt sedan mjölken och mixa tills det är slätt. Lägg åt sidan de återstående 20 g karamelliserade hela hasselnötterna.

PRALINBAGSKRÄM:
g) Värm pralinmjölksblandningen och tjockgrädden i en kastrull på medelvärme under konstant omrörning.
h) Blanda socker och majsstärkelse i en liten skål, tillsätt äggulor och vispa tills det är blekt.
i) Tillsätt långsamt ¼ av mjölkblandningen till äggulorna, lägg sedan tillbaka den i kastrullen och koka tills den tjocknat.
j) Ta av från värmen, tillsätt smör och sila genom en finmaskig sil. Kyl, täck med plastfolie och ställ i kylen i 2 timmar eller över natten.

COOKIES FÖR CHOUX:
k) Blanda farinsocker, universalmjöl och mandelmjöl i skålen med en stavmixer.
l) Tillsätt smör och blanda tills det är blandat och bildar en smulig blandning.
m) Kavla ut degen mellan bakplåtspapper till 1/16-tums tjocklek. Frys tills kallt.

PÂTE À CHOUX:
n) Värm ugnen till 375°F.
o) Blanda vatten, smör och salt i en kastrull. Rör om tills smöret smält.
p) Rör ner mjölet tills degen drar sig från sidorna och är glansig.

q) Överför degen till en mixerskål och blanda på låg hastighet.
r) Tillsätt gradvis ägg tills degen lossnar från sidorna men griper tillbaka något.
s) Lägg över degen i en konditoripåse och sprid ut den på ett silpat- eller bakplåtspapper efter en mall.
t) Lägg kakorna ovanpå chouxen och tryck lätt till för att säkra.
u) Grädda vid 375°F, sänk sedan till 350°F i 30-35 minuter, sedan 325°F i ytterligare 10 minuter.

SCHWEIZISK MARÄNG:
v) Blanda äggvita och socker i en mixerskål över sjudande vatten. Vispa tills den når 60°C.
w) Vispa på medelhög hastighet i 5-8 minuter tills det bildas glansiga styva toppar.

HOPSÄTTNING:
x) Skär gräddpuffarna ¾ uppåt.
y) Rör ner pralinbakelsekrämen i puffarna.
z) Pipa schweizisk maräng ovanpå krämen.
å) Rosta försiktigt marängen med en butanfackla.
ä) Sätt tillbaka toppen av puffen.
ö) Pipa en liten prick maräng ovanpå och garnera med hela och halverade karamelliserade hasselnötter.
aa) Servera omedelbart.

50.Jagoda Krema Puffs

INGREDIENSER:
FÖR CRAQUELIN:
- 150 g mjukt smör
- 150 g strösocker
- 180 g mjöl
- ½ tsk vanilj
- 1 tsk rosa matfärg

FÖR KREMA PUFFS:
- 1 kopp vatten
- ½ kopp smör, i tärningar
- 1 kopp universalmjöl
- 4 ägg

FÖR Apelsinkrämen OCH JORDGubbsfyllningen:
- ½ kopp mjölk
- ½ kopp grädde
- 2 matskedar socker
- 2 äggulor
- 2 matskedar socker
- ½ kopp tärnade jordgubbar

INSTRUKTIONER:
GÖR CRAQUELIN:
a) Rör smör och socker blekt. Tillsätt vaniljessens och rosa matfärg. Blanda väl. Tillsätt mjöl och blanda allt. Kavla ut pastan till 1-tums tjocklek på en plåt och frys i 30 minuter. Skär ut 3-tums cirklar efter kylning.

b) Värm ugnen till 200°C och klä en plåt med bakplåtspapper.

GÖR BAKET TILL BULLEN:
c) Koka upp vatten och smör. Ta av från värmen och tillsätt allt mjöl på en gång. Blanda kraftigt tills det bildas en boll. Sätt kastrullen på låg värme och koka i 3-5 minuter. Ta bort från värmen och låt det svalna.

d) Tillsätt äggen ett i taget, blanda väl efter varje tillsats. Överför degen till en spritspåse och rör kulor på bakplåten.

e) Grädda i 10 minuter, sänk sedan temperaturen till 165°C och grädda i ytterligare 20 minuter tills de är bruna. Öppna inte ugnsluckan medan du bakar.

f) Medan bullarna svalnar gör du fyllningen: Vispa äggulor och socker i en skål. Koka upp mjölk och grädde i en kastrull och tillsätt sedan vanilj. Tillsätt långsamt mjölkblandningen till äggulblandningen under konstant vispning. Koka tills det bubblar på toppen. Ta bort från värmen, sila om det behövs och låt svalna. Tillsätt apelsinskal och vänd ner tärnade jordgubbar.

g) Fyll gräddpuffarna med apelsin- och jordgubbsfyllningen. Servera omedelbart. Njut av dina Jagoda Krema Puffs!

51.Limonina skuta Krema Puffs

INGREDIENSER:
- 1 kopp vatten
- ½ kopp osaltat smör
- 1 kopp universalmjöl
- 4 stora ägg
- ¼ tesked salt
- 1 dl limonina skuta
- Pulversocker för att pudra

INSTRUKTIONER:
a) Värm ugnen till 425°F (220°C).
b) Koka upp vatten, salt och smör i en kastrull.
c) Rör ner mjöl tills en smidig deg bildas.
d) Ta bort från värmen, låt svalna något.
e) Tillsätt äggen ett i taget, blanda väl efter varje.
f) Lägg skedar på en plåt.
g) Grädda i 20-25 minuter.
h) När den svalnat, fyll med limonina skuta.
i) Pudra med strösocker.

52.Hasselnötspralinkrämpuffar

INGREDIENSER:
- 1 kopp vatten
- ½ kopp osaltat smör
- 1 kopp universalmjöl
- 4 stora ägg
- ¼ tesked salt
- 1 kopp hasselnötspralinpasta
- ¼ kopp hackade rostade hasselnötter

INSTRUKTIONER:
a) Värm ugnen till 425°F (220°C).
b) Koka upp vatten, salt och smör i en kastrull.
c) Rör ner mjöl tills en smidig deg bildas.
d) Ta bort från värmen, låt svalna något.
e) Tillsätt äggen ett i taget, blanda väl efter varje.
f) Sprid ut degen i små rundlar på en plåt.
g) Grädda i 20-25 minuter.
h) Fyll med hasselnötspralinpasta.
i) Strö över hackade rostade hasselnötter.

53. Blueberry Krema Puffs

INGREDIENSER:
- 1 kopp vatten
- ½ kopp osaltat smör
- 1 kopp universalmjöl
- 4 stora ägg
- ¼ tesked salt
- 1 dl blåbärssylt
- Pulversocker för att pudra

INSTRUKTIONER:
a) Värm ugnen till 425°F (220°C).
b) Koka upp vatten, salt och smör i en kastrull.
c) Rör ner mjöl tills en smidig deg bildas.
d) Ta bort från värmen, låt svalna något.
e) Tillsätt äggen ett i taget, blanda väl efter varje.
f) Lägg skedar på en plåt.
g) Grädda i 20-25 minuter.
h) Fyll gräddpuffarna med blåbärssylt.
i) Pudra med strösocker.

54. Coconut Krema Puffs

INGREDIENSER:
- 1 kopp vatten
- ½ kopp osaltat smör
- 1 kopp universalmjöl
- 4 stora ägg
- ¼ tesked salt
- 1 dl kokosdegsgrädde
- Rostade kokosflingor till garneprstan

INSTRUKTIONER:
a) Värm ugnen till 425°F (220°C).
b) Koka upp vatten, salt och smör i en kastrull.
c) Rör ner mjöl tills en smidig deg bildas.
d) Ta bort från värmen, låt svalna något.
e) Tillsätt äggen ett i taget, blanda väl efter varje.
f) Lägg skedar på en plåt.
g) Grädda i 20-25 minuter.
h) Fyll gräddpuffarna med kokosdegsgrädde och garnera med rostade kokosflingor.

55.Espressosås Krema Puffs

INGREDIENSER:
PUFFAR:
- ½ kopp vatten
- ¼ kopp saltat smör, skär upp
- ½ tesked strösocker
- ¼ tesked salt
- ½ kopp universalmjöl
- 3 stora ägg, delade
- strösocker, för att pudra

VANILJ MASCARPONEKRÄM:
- 1 (8-ounce) behållare med mascarponeost
- 1 snackskopp med vaniljsmak av pudding
- 2 matskedar strösocker
- 1 tsk vaniljextrakt

CHOKLAD-ESPRESSOSÅS:
- 4 uns bittersöt choklad, hackad
- ½ dl tung vispgrädde
- 2 tsk malda espressobönor

INSTRUKTIONER:
a) Värm ugnen till 400 grader och klä en plåt med bakplåtspapper. Rita sex 2-¼-tums cirklar, placera dem 2 tum från varandra på bakplåtspappret. Vänd pappret på bakplåten och ställ åt sidan.
b) Blanda vatten, smör, strösocker och salt i en kastrull. Låt blandningen koka upp. Tillsätt mjöl på en gång och koka, rör kraftigt med en träslev i 2 minuter. Ta bort från värmen och låt svalna i 5 minuter. Tillsätt 2 ägg, ett i taget, vispa väl med en träslev efter varje tillsats.
c) Fyll en konditoripåse försedd med en ½-tums vanlig konditorspets med degen. Sprid degen i spiraler på bakplåtspappret, börja vid kanten av cirklarna och arbeta mot mitten, gradvis lyft påsen. Pensla det återstående uppvispade ägget över degen, jämna till ytorna något.
d) Grädda i 25 till 30 minuter eller tills puffarna är gyllenbruna och fasta. Använd en trätandpetare för att sticka hål i varje bakverk så att ånga kan komma ut. Lägg över dem på ett galler för att svalna.
e) Förbered Vanilj Mascarpone Krema: I en medelstor skål, kombinera mascarponeost, vaniljpudding snackskoppen, strösocker och vaniljextrakt. Avsätta.
f) Förbered choklad-espressosåsen: Lägg chokladen i en liten värmesäker skål och ställ åt sidan. Kombinera den tunga grädden och espressobönorna i en mikrovågssäker skål. Mikrovågsugn på hög i 1 minut, eller tills det börjar koka. Sila blandningen genom en finmaskig sil placerad över skålen med choklad för att ta bort espressofastämnen.
g) Låt choklad-espressoblandningen stå i 1 minut och vispa den sedan tills den är slät.
h) Skär gräddpuffarna på tvären på mitten. Häll vaniljmascarponekrämen i de nedre halvorna. Byt ut topparna. Häll choklad-espressosåsen över topparna. Om så önskas, sikta dem med ytterligare strösocker.

56. Chai Krema Puffs

INGREDIENSER:
FÖR PATEN A CHOUX
- 1 kopp vatten
- ½ kopp smör, skuren i tärningar
- ½ tsk salt
- 1 matsked socker
- 1 kopp mjöl
- 4 ägg

FÖR FYLLNING AV CHAI-PISKAD
- 1 ½ dl tjock grädde
- ¼ kopp chai koncentrat
- ¾ kopp vit choklad, smält
- Mald kanel

INSTRUKTIONER:
FÖR PATE A CHOUX:
a) Värm ugnen till 425°F.
b) Klä en plåt med bakplåtspapper och ställ åt sidan. Blanda vatten, smör, salt och socker i en medelstor kastrull på medelvärme.
c) Sjud tills smöret har smält och blandningen kokar lätt upp. Ta av blandningen från värmen och rör ner mjölet med en träslev. Sätt tillbaka blandningen på värmen och fortsätt att röra tills blandningen börjar lossna från sidorna av pannan och en boll bildas.
d) Ta bort från värmen och låt blandningen svalna i 4-5 minuter. Rör ner äggen ett i taget. Blandningen kan gå sönder eller gå sönder vid varje tillsats, men den bör samlas igen innan du lägger till det ytterligare ägget. Din bakelse ska vara blank och ha en slät konsistens.
e) Överför den till en spritspåse försedd med en stor rund spets (som en koppling) och sprid den med cirka 2 tums mellanrum på bakplåten. Använd en liten mängd vatten för att jämna ut toppar på varje deghög.
f) Grädda i 10 minuter vid 425°F, sänk sedan ugnstemperaturen till 375°F och grädda i 15-20 minuter eller tills de är gyllenbruna. Låt skalen svalna helt innan du fyller på.

FÖR FYLLNING AV CHAI-VISPAD:
g) Se till att allt är kallt innan du börjar, inklusive din mixerskål.
h) Vispa den tunga grädden på medelhög hastighet i en stavmixer försedd med visptillbehör tills det bildas styva toppar. Vispa i chai-koncentratet tills det precis blandas.
i) Kyl blandningen i kylen tills den behövs.

ATT BYGGA IHOP:
j) Fyll en spritspåse utrustad med en stor rund spets (som en Wilton 12) med chai-vispad gräddefyllning.
k) Sätt in spritspåsens spets i botten av ett kylt krämpuffskal. Pipa in fyllningen i det avsvalnade skalet tills det börjar sippra ut något.
l) Doppa de fyllda gräddpuffarna i smält vit choklad och pudra över malen kanel. Njut av!

57. Mandelkrämpuffar

INGREDIENSER:
- 1 kopp vatten
- ½ kopp osaltat smör
- 1 kopp universalmjöl
- 4 stora ägg
- ¼ tesked salt
- 1 dl mandeldegsgrädde
- Skivad mandel till garneprstan

INSTRUKTIONER:
a) Värm ugnen till 425°F (220°C).
b) Koka upp vatten, salt och smör i en kastrull.
c) Rör ner mjöl tills en smidig deg bildas.
d) Ta bort från värmen, låt svalna något.
e) Tillsätt äggen ett i taget, blanda väl efter varje.
f) Sprid ut degen i små rundlar på en plåt.
g) Grädda i 20-25 minuter.
h) Fyll puffarna med mandeldegsgrädde.
i) Garnera med skivad mandel.

ECLAIRS

58. Mini Choklad Eclairs

INGREDIENSER:
- 1 plåt smördeg, tinad
- 1 dl helmjölk
- 2 msk osaltat smör
- 2 msk universalmjöl
- 2 matskedar kakaopulver
- 2 matskedar strösocker
- Nypa salt
- 2 stora ägg
- 1 kopp tung grädde
- 2 matskedar strösocker
- Chokladganache eller smält choklad till topping (valfritt)

INSTRUKTIONER:
a) Värm ugnen till 400°F (200°C).
b) Kavla ut det tinade smördegsarket och skär det i små rektanglar, cirka 3 tum långa och 1 tum breda.
c) Placera bakverksrektanglarna på en plåt klädd med bakplåtspapper.
d) Värm mjölken och smöret i en kastrull på medelvärme tills smöret smält och blandningen kokar upp.
e) I en separat skål, vispa ihop mjöl, kakaopulver, strösocker och salt.
f) Tillsätt gradvis den torra blandningen till den sjudande mjölken, vispa hela tiden tills blandningen tjocknar och drar sig bort från kastrullens sidor.
g) Ta kastrullen från värmen och låt den svalna något.
h) Vispa i äggen, ett i taget, och se till att varje ägg är helt införlivat innan du tillsätter nästa.
i) Överför blandningen till en spritspåse försedd med en rund spets.
j) Sprid blandningen på de förberedda bakverksrektanglarna och bilda en linje längs mitten.
k) Grädda eclairerna i den förvärmda ugnen i 15-20 minuter, eller tills de är gyllenbruna och puffade.
l) Ta ut ur ugnen och låt dem svalna helt.
m) Vispa grädden och strösockret i en bunke tills det bildas styva toppar.
n) Skär de avsvalnade eclairerna på mitten horisontellt och sprid eller sked den vispade grädden på de nedre halvorna.
o) Lägg tillbaka de övre halvorna av eclairen ovanpå krämen.
p) Valfritt: Prstanla över chokladganache eller smält choklad för extra överseende.
q) Servera dessa läckra minichoklad-eclairs som en härlig bakelse.

59. Kakor och grädde Éclairs

INGREDIENSER:
FÖR CHOUX PASTRY:
- 1 kopp vatten
- ½ kopp osaltat smör
- 1 kopp universalmjöl
- ½ tsk salt
- 1 matsked socker
- 4 stora ägg

FÖR FYLLNING AV KAKER OCH Grädde:
- 1 ½ dl tjock grädde
- ¼ kopp strösocker
- 1 tsk vaniljextrakt
- 10 choklad smörgås kakor, krossade

FÖR CHOKLAGDANACHEN:
- 1 kopp halvsöt chokladchips
- ½ kopp tung grädde
- 2 msk osaltat smör

INSTRUKTIONER:
CHOUX BAG:
a) Värm ugnen till 425°F (220°C). Klä en plåt med bakplåtspapper.
b) Blanda vatten, smör, salt och socker i en kastrull på medelvärme. Koka upp.
c) Ta av från värmen och rör snabbt ner mjölet tills en deg bildas.
d) Sätt tillbaka pannan på låg värme och koka degen under konstant omrörning i 1-2 minuter för att torka ut den.
e) Överför degen till en stor mixerskål. Låt svalna ett par minuter.
f) Tillsätt äggen ett i taget, vispa ordentligt efter varje tillsats tills degen är slät och blank.
g) Lägg över degen i en spritspåse med en stor rund spets. Pipe 4-tums långa remsor på den förberedda bakplåten.
h) Grädda i 15 minuter vid 425°F, sänk sedan temperaturen till 375°F (190°C) och grädda i ytterligare 20 minuter eller tills de är gyllenbruna. Låt svalna helt.

KAKER OCH GräddFYLLNING:
i) Vispa grädden i en bunke tills mjuka toppar bildas.

j) Tillsätt strösocker och vaniljextrakt. Fortsätt vispa tills det bildas styva toppar.
k) Vänd försiktigt ner smörgåskakorna med krossad choklad.

CHOKLAD GANACHE:
l) Lägg chokladchips i en värmesäker skål.
m) Värm grädden i en kastrull tills den precis börjar sjuda.
n) Häll den varma grädden över chokladen och låt stå i en minut.
o) Rör tills det är slätt, tillsätt sedan smör och rör tills det smält.

HOPSÄTTNING:
p) Skär varje kyld eclair på mitten horisontellt.
q) Skeda eller sprida kakorna och gräddfyllningen på den nedre halvan av varje eclair.
r) Lägg den övre halvan av eclairen på fyllningen.
s) Doppa toppen av varje eclair i chokladganachen eller skeda ganachen över toppen.
t) Låt ganachen stelna i några minuter.
u) Strö eventuellt ytterligare krossade kakor ovanpå för dekoration.
v) Servera och njut av den härliga kombinationen av krämig fyllning och rik chokladganache i varje Cookie and Krema Éclair!

60.Choklad Hasselnöt Éclairs

INGREDIENSER:
FÖR CHOUX PASTRY:
- 1 kopp vatten
- ½ kopp osaltat smör
- 1 kopp universalmjöl
- 4 stora ägg

FÖR FYLLNING:
- 2 dl konditorivaror
- ½ kopp Nutella (hasselnötspålägg)

FÖR CHOKLAD HASSELNÖTSGANACHE:
- 1 dl mörk choklad, hackad
- ½ kopp tung grädde
- ¼ kopp hasselnötter, hackade (för garneprstan)

INSTRUKTIONER:
CHOUX BAG:
a) Blanda vatten och smör i en kastrull. Koka upp.
b) Tillsätt mjöl och rör om kraftigt tills blandningen bildar en boll. Avlägsna från värme.
c) Låt degen svalna något, tillsätt sedan ett ägg i taget, blanda väl efter varje tillsats.
d) Lägg över degen i en spritspåse och lägg ut eclairs på en plåt.
e) Grädda i en förvärmd ugn vid 375°F (190°C) i 25-30 minuter eller tills de är gyllenbruna.

FYLLNING:
f) När eclairerna är svalna, skär dem på mitten horisontellt.
g) Blanda Nutella i krämen tills den är väl blandad.
h) Fyll varje eclair med chokladhasselnötsfyllningen med hjälp av en spritspåse eller sked.

CHOKLAD HASSELNÖTTER GANACHE:
i) Värm grädden i en kastrull tills den precis börjar puttra.
j) Häll den varma grädden över den hackade mörka chokladen. Låt det sitta i en minut och rör sedan tills det är slätt.
k) Doppa toppen av varje eclair i chokladhasselnötsganachen för att säkerställa en jämn beläggning.
l) Strö hackade hasselnötter ovanpå för garneprstan.
m) Låt ganachen stelna i cirka 15 minuter innan serveprstan.
n) Njut av dina dekadenta Chocolate Hazelnut Éclairs!

61. Orange Éclairs

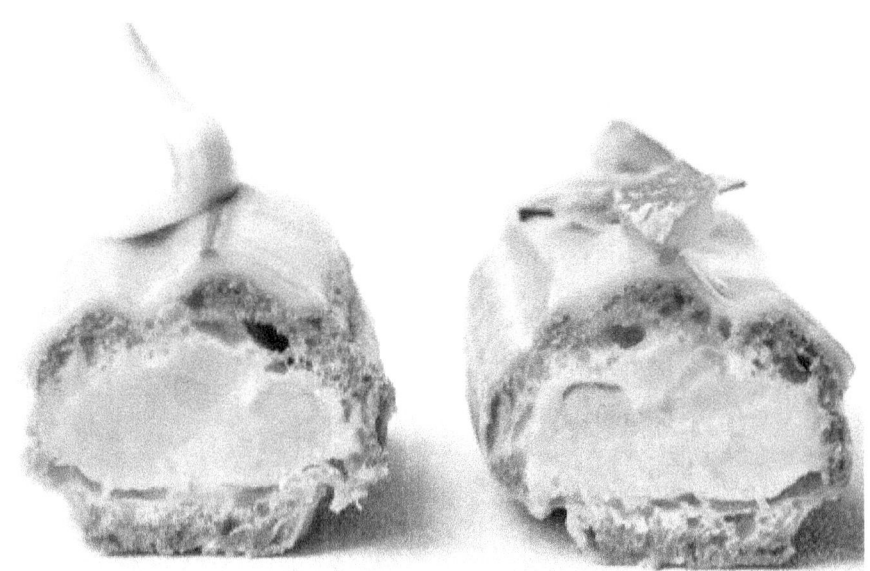

INGREDIENSER:

ÉCLAIRS:
- 3 matskedar 70% kärnmjölk-vegetabilisk olja pålägg
- ¼ tesked salt
- ¾ kopp universalmjöl
- 2 ägg
- 1 äggvita

KONTIGKRÄM:
- ⅔ kopp 1% lättmjölk
- 3 matskedar socker
- 4 tsk universalmjöl
- 2 tsk majsstärkelse
- ⅛ tesked salt
- 1 äggula
- 1 tesked 70% kärnmjölk-vegetabilisk olja pålägg
- 2 tsk rivet apelsinskal
- 1 tsk apelsinextrakt
- ½ tsk vanilj
- 12 koppar fryst, fettfri, icke-mjölkvispad topping, tinad

CHOKLAD GLASUR:
- ¼ kopp sötad kondenserad mjölk med låg fetthalt
- 2 matskedar osötat kakaopulver
- 2-4 tsk vatten (om det behövs)

INSTRUKTIONER:

ÉCLAIRS:
a) I en liten kastrull, kombinera vegetabilisk olja, salt och ¾ kopp vatten. Koka upp. Avlägsna från värme.

b) Tillsätt mjöl på en gång och blanda snabbt med en träslev tills blandningen går ihop till en boll.

c) Ställ kastrullen på låg värme i 3-4 minuter för att torka degen, blanda hela tiden med en träslev. Degen ska vara mjuk och inte kladdig.

d) Överför degen till en matberedare eller en stor skål med en kraftig elektrisk mixer. Kyl i 5 minuter.

e) Tillsätt ägg och äggvita, ett i taget, blanda tills det är helt slätt efter varje tillsats.
f) Belägg en bakplåt med nonstick-spray. Fyll en stor konditoripåse (utan spets) med degen. Krama ut 8 eclairs, var och en 1" i diameter och 4" i längd, på bakplåten. Låt dem stå i minst 10 minuter för att torka.
g) Värm ugnen till 375°F. Grädda i 35-40 minuter eller tills de är gyllene och genomstekta. Överför till ett galler för att svalna.

KONTIGKRÄM:
h) I en liten kastrull, rör ihop mjölk, socker, mjöl, majsstärkelse och salt tills det blandas.
i) Koka på medelvärme under konstant omrörning tills blandningen kokar och tjocknar i 4-5 minuter.
j) Avlägsna från värme. Vispa äggulan lätt i en liten skål. Vispa gradvis i cirka ¼ kopp av den varma mjölkblandningen.
k) Vispa tillbaka äggguleblandningen i mjölkblandningen i pannan. Återställ pannan till medel-låg värme och vispa blandningen tills den precis börjar sjuda i cirka 30 sekunder. Avlägsna från värme.
l) Rör i vegetabilisk olja, skal och apelsin- och vaniljextrakt tills det är slätt och smält. Överför till en skål.
m) Tryck plastfolie direkt på ytan. Kyl till rumstemperatur och kyl sedan ordentligt i kylen i cirka 2 timmar.
n) Vik i vispad topping. Kyl tills den är klar att monteras.

MONTEPRSTAN AV ÉCLAIRS:
o) Skär varje eclair på mitten på längden.
p) Häll cirka 3 matskedar konditorivaror i varje eclairbotten. Byt toppar.

CHOKLAD GLASUR:
q) I en liten kastrull, kombinera kondenserad mjölk och kakaopulver.
r) Värm på låg värme under konstant omrörning tills blandningen bubblar och tjocknar, 1-2 minuter.
s) Bred ut över topparna på eclairs. Om glasyren är för tjock, späd med 2-4 tsk vatten.
t) Servera omedelbart och njut av dessa läckra Éclairs à l'Orange!

62.Passionsfrukt Éclairs

INGREDIENSER:
FÖR ÉCLAIRS:
- ½ kopp osaltat smör
- 1 kopp vatten
- 1 kopp allsidigt mjöl
- ¼ tesked koshersalt
- 4 ägg

FÖR PASSIONSFRUKTSBAGSKRÄMEN:
- 6 passionsfrukter (saftad)
- 5 äggulor
- ⅓ kopp majsstärkelse
- ¼ tesked koshersalt
- ⅔ kopp granulerat socker
- 2 koppar helmjölk
- 1 msk smör

INSTRUKTIONER:
FÖR ÉCLAIRS:
a) Värm ugnen till 425°F.
b) Koka upp vatten och smör i en stor kastrull på spisen.
c) Rör i salt, och efter att det löst sig, tillsätt mjöl, rör om tills det bildar en gelatinös boll.
d) Överför den varma degen till en mixerskål och låt den svalna i 2 minuter.
e) Tillsätt äggen ett i taget, rör om tills det är helt införlivat.
f) Överför degen till en spritspåse.
g) På en bakplåtspappersklädd plåt, rör 3-tums långa degrör.
h) Grädda tills de är gyllenbruna, cirka 20-25 minuter.
i) Låt eclairs svalna och dela dem sedan på mitten, lägg fyllningen mellan halvorna, eller använd en konditoripåse för att röra fyllningen inuti.

FÖR PASSIONSFRUKTSBAGSKRÄMEN:
j) Juice passionsfrukten, sila för att ta bort fröna.
k) I en skål, kombinera äggulor, majsstärkelse, salt och socker.
l) Tillsätt gradvis varm mjölk till äggblandningen under konstant vispning för att förhindra att den rör sig.
m) Häll tillbaka blandningen i en kastrull och värm på medelvärme tills den tjocknar som pudding.
n) Ta bort från värmen, tillsätt passionsfruktjuice och smör till den varma konditorivarmen, rör om tills den är helt blandad.
o) Låt krämen svalna i rumstemperatur och ställ sedan in i kylen täckt med plastfolie i upp till 3 dagar.
p) När du är redo att montera, överför du den kylda konditorivaren till en konditoripåse, skiva eclairen och fyll insidan med grädde.

63.Fullkornsfruktiga Éclairs

INGREDIENSER:
CHOUX BAG:
- ½ kopp vatten
- ¼ kopp osaltat smör
- Nypa salt
- ¼ kopp allsidigt mjöl
- ¼ kopp fullkornsmjöl
- 2 stycken hela ägg

FYLLNING:
- 1 kopp fettfri mjölk - eller icke-mejerihaltig nötmjölk
- 2 msk stevia sockerblandning
- 1 st äggula
- 2 msk majsstärkelse
- Nypa salt
- 1 tsk vanilj
- ½ dl vispgrädde
- Färsk frukt till topping

INSTRUKTIONER:
a) Värm ugnen till 375 °F/190 Smörj och fodra en plåt.
b) Blanda vatten, smör och salt i en kastrull. Värm tills smöret smält och vattnet kokar. Sänk värmen. Tillsätt mjöl och rör om kraftigt tills blandningen lämnar sidorna av pannan. Ta bort från värmen och svalna något. Med en träslev; vispa i äggen ett i taget tills det är slätt.
c) Fortsätt vispa tills mycket slät och glänsande. Överför blandningen till en konditoripåse. Pipe ut remsor ca 3 tum långa och 2 tum från varandra. Grädda vid 375F i 30-45 minuter; fortsätt grädda tills éclairerna är bruna och helt torra. Kyl på galler.

FÖRBERED KRÄMDYLLNING:
d) I en kastrull, kombinera socker, majsstärkelse, salt, mjölk och äggulor. Koka på medelhög värme, rör hela tiden tills blandningen tjocknar. Avlägsna från värme. Rör ner vanilj. Kyl för att svalna.
e) När vaniljsåsen har svalnat, vänd försiktigt ner vispad grädde. Lägg på spritspåse.

ATT BYGGA IHOP:
f) Fyll bakverk med gräddfyllning och garnera med färsk frukt.
g) Tjäna.

64.Passionsfrukt och hallon Éclairs

INGREDIENSER:
FÖR DEN NEUTRALA GLASYREN:
- 125 g vatten
- 5 g NH pektin (1 tsk)
- 30 g strösocker
- 100 g strösocker
- 8 g glukossirap

FÖR PASSIONSFRUKTKRÄMEN:
- 75 g passionsfruktjuice (cirka 7 frukter)
- 10 g citronsaft
- 1 g gelatin
- 105 g ägg (~2)
- 85 g strösocker
- 155 g smör (rumstemperatur)

FÖR HALLONCONFIT:
- 60 g strösocker
- 4 g pektin (nästan en tesked)
- 90 g hallonjuice
- 30 g glukossirap
- 20 g citronsaft

FÖR CHOUX PASTRY:
- 85 g mjölk
- 85 g vatten
- 1 nypa salt
- 85 g osaltat smör
- 85 g brödmjöl
- 148 g ägg
- 3g socker
- 1 vaniljextrakt

DEKORATION:
- 100 g mandelmassa (med 50 % mandel)
- Gul färg (efter behov)
- Orange färg (efter behov)
- Gyllene matglitter (valfritt)
- 20 färska hallon

INSTRUKTIONER:
FÖR DEN NEUTRALA GLASYREN:
a) Blanda 30g socker med pektinet.
b) Hetta upp vatten i en kastrull, tillsätt socker och pektin under ständig omrörning.
c) Tillsätt resten av sockret och glukosen under konstant omrörning och låt koka upp.
d) Sila av blandningen och ställ i kylen i minst 24 timmar före användning.

FÖR PASSIONSFRUKTKRÄMEN:
e) Skär passionsfrukterna i två delar, extrahera fruktköttet och sila för att få saften.
f) Låt gelatinet blomma i passionsjuice i 5 minuter.
g) Blanda passionsfruktjuice, citronsaft, socker och ägg i en skål över sjudande vatten, vispa tills det tjocknat.
h) Kyl krämen snabbt till 45°C, tillsätt sedan tärnat smör två gånger, mixa med en stavmixer. Kyl i en spritspåse.

FÖR HALLONCONFIT:
i) Blanda och sila färska hallon för att ta bort frön (totalvikten efter detta steg bör vara 90g).
j) Koka upp hallonjuice, blanda socker och pektin, tillsätt hallonen och låt koka upp. Kyl tills det behövs.

FÖR CHOUX PASTRY:
k) Koka upp mjölk, vatten, salt och smör i en kastrull. Se till att smöret är helt smält.
l) Ta av från värmen, tillsätt mjöl, rör om och sätt tillbaka kastrullen på värmen, vispa tills degen lossnar från sidorna och lämnar en tunn hinna på botten.
m) Lägg över degen i en skål, låt den svalna och tillsätt äggen ett i taget tills den blir blank men fast. Sprid 11 cm ränder på en smord eller bakplåtspapersklädd plåt.
n) Värm ugnen till 250°C, stäng av den och låt plåten stå inne i 12-16 minuter. Sätt på ugnen till 160°C och tillaga i 25-30 minuter till.

MONTEPRSTAN AV ÉCLAIRS:
o) Gör tre hål i botten av bakade éclairs med spetsen på en kniv.

p) Fyll éclairs med en liten mängd hallonconfiteprstan och fyll dem sedan med passionsfruktkräm.
q) Arbeta mandelmassa med färg för att få en varm gul färg, skär den i form av en éclair.
r) Värm 120 g neutral glasyr tills den flyter (högst 40°C).
s) Pensla toppen av éclairs med neutral glasyr och fäst mandelmassa-överdraget ovanpå.
t) Tillsätt gyllene glitter till den återstående glasyren, glasera mandelmassa ovanpå, tillsätt sedan skivade hallon och en klick kvarvarande hallonconfiteprstan.

65. Cappuccino Éclairs

INGREDIENSER:
- 1 omgång hemgjorda eller köpta eclair-bakelseskal
- 1 kopp tung grädde
- 2 matskedar snabbkaffegranulat
- ¼ kopp strösocker
- ½ tesked vaniljextrakt
- ¼ kopp kakaopulver (för att pudra)

INSTRUKTIONER:
a) Förbered eclair-bakelseskalen enligt receptet eller förpackningens instruktioner och låt dem svalna.
b) I en liten skål löser du snabbkaffegranulatet i några matskedar varmt vatten. Låt den svalna.
c) Vispa grädden, strösockret och vaniljextraktet i en separat skål tills det bildas styva toppar.
d) Vänd försiktigt ner kaffeblandningen i den vispade grädden.
e) Dela varje eclairskal på mitten horisontellt och fyll dem med den kaffesmakande vispgrädden.
f) Pudra topparna på eclairerna med kakaopulver.
g) Servera och njut av dina hemgjorda cappuccino eclairs!

66.Pistasch Lemon Éclairs

INGREDIENSER:

FÖR KANDIDERADE CITRONER (VALFRI):
- 10 sunquats (minicitroner)
- 2 koppar vatten
- 2 koppar socker

FÖR PISTACHIOPASTA:
- 60 g oskalade pistagenötter (ej rostade)
- 10 g druvkärneolja

FÖR PISTACHIO-CITRONMOUSSELINKRÄM:
- 500 g mjölk
- Skal av 2 citroner
- 120 g äggula
- 120 g socker
- 40 g majsstärkelse
- 30 g pistagepasta (eller 45 g om köpt i butik)
- 120 g mjukt smör (skuret i tärningar)

FÖR PISTACHIO MARSIPAN:
- 200 g marsipan
- 15 g pistagepasta
- Grön matfärg (gel)
- Lite strösocker

FÖR CHOUX-BAK:
- 125 g smör
- 125 g mjölk
- 125 g vatten
- 5 g socker
- 5 g salt
- 140 g mjöl
- 220 g ägg

FÖR GLASYR:
- 200 g nappage neutre (neutral geléglasyr)
- 100 g vatten
- Grön matfärg (gel)

FÖR INREDNING:
- Malda pistagenötter

INSTRUKTIONER:
KANDIDERADE CITRONER (VALFRI):
a) Förbered ett isbad (en kastrull med vatten och is) och ställ åt sidan.
b) Använd en vass kniv för att skära tunna skivor av citron. Kasta fröna.
c) Koka upp vattnet i en annan kastrull. Ta av från värmen och lägg omedelbart citronskivorna i det varma vattnet. Blanda tills skivorna mjuknar (cirka en minut).
d) Häll ut det varma vattnet genom en sil och lägg sedan citronskivorna i isbadet en sekund. Häll ut iskallt vatten med hjälp av silen.
e) Blanda vatten och socker i en stor kastrull på hög värme. Blanda tills sockret smält, låt sedan koka upp.
f) Sänk värmen till medel och använd en tång för att placera citronskivorna i vattnet så att de flyter. Koka på låg värme tills svålen blir genomskinlig, ca 1½ timme.
g) Ta bort citronerna med en tång och lägg dem på ett galler. Lägg en bit bakplåtspapper under gallret för att fånga upp eventuell sirap som droppar från citronskivorna.

Pistaschpasta:
h) Värm ugnen till 160°C (320°F).
i) Rosta pistagenötterna på en plåt i ca 7 minuter tills de får lite färg. Låt dem svalna.
j) Mal de kylda pistagenötterna till pulver i en liten matberedare. Tillsätt oljan och mal igen tills det blir en pasta. Förvara den i kylen tills den ska användas.
k) Pistasch-citronmousselinekräm:
l) Koka upp mjölken. Stäng av värmen, tillsätt citronskal, täck över och låt stå i 10 minuter.
m) I en skål, kombinera äggulor och socker. Vispa omedelbart, tillsätt sedan majsstärkelse och vispa igen.
n) Tillsätt den varma mjölken under vispning. Häll blandningen genom en sil i en ren kastrull, kassera citronskalet som finns kvar i silen.
o) Värm på medelvärme och vispa tills blandningen tjocknar och blir krämig. Avlägsna från värme.

p) Överför grädden till skålen som innehåller pistagemassan. Vispa tills det är enhetligt. Täck med plastfolie för att förhindra att en skorpa bildas och ställ i kylen.
q) När krämen når 40°C (104°F), tillsätt gradvis det mjukade smöret och blanda väl. Täck med plastfolie och ställ i kylen.

CHOUX BAG:
r) Sikta mjöl och ställ åt sidan.
s) Tillsätt smör, mjölk, vatten, socker och salt i en kastrull. Värm på medelhög tills smöret smält och blandningen kokar upp.
t) Ta bort från värmen, tillsätt omedelbart mjöl på en gång och blanda väl tills en enhetlig blandning bildas, som liknar potatismos. Det här är panadmixen.
u) Torka panaden i ungefär en minut på låg värme, rör om med en spatel, tills den börjar dra sig tillbaka från kastrullens sidor och stelnar.
v) Överför panaden till en mixerskål och kyl den något. Vispa äggen i en separat skål och tillsätt dem gradvis i mixern, vänta på att varje tillsats ska blandas innan du lägger till mer.
w) Blanda på låg-medelhastighet tills smeten är slät, blank och stabil.
x) Värm ugnen till 250°C (480°F). Täck en bakplåt med bakplåtspapper eller ett tunt lager smör.
y) Sprid ut 12 cm långa remsor av smet på plåten. Öppna inte ugnsluckan under gräddningen.
z) Efter 15 minuter öppnar du ugnsluckan något (ca 1 cm) för att släppa ut ånga. Stäng den och ställ in temperaturen på 170°C (340°F). Grädda i 20-25 minuter tills éclairerna får färg.
å) Upprepa med resterande smet.

Pistaschmarsipan:
ä) Skär marsipanen i tärningar och blanda med en platt visp tills den är mjuk och enhetlig. Tillsätt pistagepasta och grön matfärg (om så önskas) och blanda tills det är enhetligt.
ö) Kavla ut marsipanen till en tjocklek av 2 mm och skär remsor som passar éclairerna.

HOPSÄTTNING:
aa) Skär två små hål i botten av varje éclair.
bb) Fyll varje éclair med pistage-citronkrämen genom hålen.

cc) Pensla lite glasyr på ena sidan av varje marsipanremsa och fäst den på éclairerna.
dd) Doppa varje éclair i glasyren, låt överflödig glasyr droppa av.
ee) Dekorera med kanderade citronskivor eller hackade pistagenötter.
ff) Ställ i kyl tills den ska serveras.

67. Lönnglaserade Éclairs toppade med nötter

INGREDIENSER:
ECLAIR SKAL:
- ½ kopp mjölk
- ½ kopp vatten
- 2 matskedar vitt strösocker
- ¼ tesked salt (reducera till en nypa om du använder saltat smör)
- ½ kopp osaltat smör
- ½ tesked vaniljextrakt
- 1 ¼ koppar universalmjöl, sked och jämnat ut
- 4 stora ägg

GLASYR:
- ⅔ kopp glasyr/konditorsocker
- 3 matskedar lönnsirap

GARNEPRSTAN:
- ½ kopp hackade valnötter eller pekannötter
- Strö fleur de sel salt

MASCARPONE VISPAD:
- 1 kopp mascarpone
- ⅔ kopp tung vispgrädde
- ¼ kopp vitt socker
- 2 msk lönnsirap

INSTRUKTIONER:
FÖR ECLAIR SKAL:
a) Värm ugnen till 450°F med galler i den övre och nedre tredjedelen. Klä två bakplåtar med bakplåtspapper.
b) Blanda mjölk, vatten, socker, salt och smör i en medelstor kastrull på medelvärme. Koka upp blandningen, vispa i vanilj och tillsätt mjöl på en gång. Rör om tills blandningen kommer bort från sidan av grytan.
c) Sänk värmen till låg och fortsätt tillagan under konstant omrörning i cirka 3 minuter för att avlägsna fukt. Ta av från värmen och överför till en mixerskål eller skålen med en stavmixer.
d) Rör om i 2-3 minuter för att kyla blandningen. Tillsätt äggen ett i taget, vispa ordentligt efter varje tillsats. Överför blandningen i en spritspåse och låt den vila i 20 minuter.
e) Sprid smeten i stockar ca 5-6 tum långa och 1 tum breda, lämna lika stort utrymme mellan dem. Se till att de inte är för tunna, eftersom de behöver tjocka för att skivas senare.
f) Sätt in i den förvärmda ugnen och MINSKA OMEDELBART VÄRMEN TILL 350°F. Grädda i 35-40 minuter tills de är gyllene, puffade och knapriga. Kyl på galler.

FÖR GLASYREN:
g) Innan glaseprstan, skär eclairs nästan igenom, lämna ett "gångjärn" på ena sidan. I en liten skål, kombinera florsocker med lönnsirap tills en tunn glasyr bildas.
h) Pensla glasyren ovanpå eclairen och strö omedelbart över hackade valnötter och en nypa salt om så önskas. Låt stå i rumstemperatur tills glasyren stelnat.

FÖR FYLLNING:
i) Kombinera mascarpone, vispgrädde, socker och lönnsirap i en stor skål eller i skålen med en stavmixer utrustad med visp.
j) Vispa tills blandningen tjocknar till en tjock konsistens. Lägg i en spritspåse och fyll varje eclair. (Fyllningen kan göras i förväg, täckas, kylas och föras närmare serveprstan.)
k) Fyllda eclairs håller sig väl avtäckta i kylen under större delen av dagen.

CROISSANTER

68.Mini mandelcroissanter

INGREDIENSER:
- 6 mini croissanter
- ½ kopp mandelmassa
- ¼ kopp osaltat smör, mjukat
- ¼ kopp strösocker
- ½ tesked mandelextrakt
- Skivad mandel till topping
- Pulversocker för att pudra (valfritt)

INSTRUKTIONER:

a) Värm ugnen till 350°F (175°C).

b) Dela minicroissanterna i halvor på längden.

c) Blanda mandelmassa, mjukt smör, strösocker och mandelextrakt i en skål tills det är väl kombinerat och slätt.

d) Bred ut en generös mängd av mandelmassan på den nedre halvan av varje croissant.

e) Lägg tillbaka den övre halvan av croissanten ovanpå fyllningen.

f) Strö skivad mandel över toppen av varje croissant.

g) Lägg croissanterna på en plåt med bakplåtspapper.

h) Grädda i den förvärmda ugnen i 10-12 minuter, eller tills croissanterna är gyllenbruna och krispiga.

i) Ta ut ur ugnen och låt dem svalna något.

j) Pudra med strösocker om så önskas.

k) Servera dessa förtjusande mini-mandelcroissanter som en välsmakande och nötaktig bakelse.

69.Rosa ros & pistaschdoppade croissanter

INGREDIENSER:

- 1 dl helmjölk
- ¾ kopp varmt vatten
- 2 (4-½ teskedar) kuvert Jäst
- 4 koppar universalmjöl
- 1 ¼ koppar osaltat smör, kallt
- 4 matskedar socker
- 2 tsk havssalt
- 1 ägg
- Nypa salt
- Rosa godis smälter
- 1 dl hackade pistagenötter
- 1 dl frystorkade hallon

INSTRUKTIONER:
CROISSANTS:

a) Blanda vattnet och mjölken, värm till 100°-110°F. Häll ¼ kopp i en liten skål och lös upp jästen, låt stå i 5 minuter eller tills den skummar.

b) I en stor skål, blanda mjöl och ¼ kopp smör med en gaffel, konditorivaror eller en matberedare på en deginställning. Mixa tills blandningen liknar ströbröd. Rör ner socker och salt.

c) Gör en brunn i mitten av mjölet och häll i jästen och resten av mjölken och vattnet. Blanda väl till en deg, knåda på en lätt mjölad yta tills den är slät, ca 6 minuter. Återgå till skålen, täck med plastfolie och låt vila i 20 minuter.

d) Klä två bakplåtar med bakplåtspapper; dessa kommer att behövas för kylningsstegen i degen.

e) Placera det återstående smöret mellan 2 ark vax eller bakplåtspapper och platta till det med en kavel tills det är jämnt och ungefär 7 tum x 7 tum kvadratiskt, kyl tills det är klart att användas.

f) Vänd ut degen på en lätt mjölad yta och rulla ut den till en 10" x 10" kvadrat.

g) Placera den tillplattade fyrkanten av smör ovanpå degen, roterad till en diamantform (smörhörnen pekar mot degens raka sidor) och vik degen med de exponerade hörnen över smöret för att möta mitten som ett kuvert, nyp försiktigt kanterna tillsammans. Var noga med att inte överlappa degen, bara möt kanterna mot varandra. Kyl i 20 minuter.

h) Börja rulla degen från mitten och utåt, skapa en rektangel 24" lång och 10" bred. Försök att hålla sidorna och hörnen raka och fyrkantiga. Vik till tredjedelar, borsta bort överflödigt mjöl när du går, lägg den vänstra tredjedelen ovanpå den mellersta tredjedelen, vik sedan den högra tredjedelen över stapeln, du har kvar en 10" x 8" rektangel. Täck med plastfolie och kyl i 20 minuter.

i) Rotera rektangeln horisontellt och rulla ut den till 24" x 10" och vik den till tredjedelar igen, kyl ytterligare 20 minuter.

j) Rulla sedan rektangeln till 24" x 16", skär långsidan av degen på mitten, så att du har två 12" x 16" bitar, placera den ena ovanpå den andra, rikta in de skurna kanterna, täck med plastfolie , och kyl i kylen i 20 minuter.

k) Rulla varje bit till 20" x 12", halverad på längden så att du har två bitar 20" långa x 6" breda, täck över och kyl i ytterligare 10 minuter.

l) Börja med den första biten, kavla ut degen 30" lång och 8" bred. Gör trianglar med hjälp av en linjal, mät upp 5" steg längs långsidan, skär en liten skåra vid varje intervall.

m) Längs den motsatta sidan, gör samma sak, börja skårorna i mitten av de andra märkena så att du skapar en "peka" på din triangel. Använd en pizzaskärare och koppla ihop alla märken så att du har kvar 11 trianglar, plus två halvor, som du kan trycka ihop för att göra ytterligare en triangel, 12 totalt.

n) En i taget, rulla ihop varje triangel hårt från basen till spetsen, borsta bort överflödigt mjöl allt eftersom. Lägg på en bakplåt i 3 rader med 4 jämnt fördelade, spetsar instoppade under, och låt jäsa på en varm plats tills den fördubblats i storlek, eller ungefär en timme. Upprepa processen för den andra degbiten.

o) Värm ugnen till 350°F eller varmluftsgrädda vid 325°F. Vispa ägget med en nypa salt i en liten skål, pensla croissanterna med äggtvätt och grädda i 20-25 minuter eller tills de är djupt gyllenbruna.

DIPPA:

p) Smält de rosa godismeltorna enligt anvisningarna på förpackningen.

q) Grovhacka 1 kopp pistagenötter och ställ åt sidan.

r) Smula 1 dl frystorkade hallon grovt och ställ åt sidan.

s) Doppa hälften av varje croissant i det smälta rosa godiset och lägg det på ett galler.

t) Strö omedelbart hackade pistagenötter eller krossade frystorkade hallon över den doppade hälften av croissanterna och tryck försiktigt ner dem i den våta godissmältan.

u) Upprepa doppnings- och sprinklingsprocessen för de återstående croissanterna.

v) Låt godiset smälta stelna innan serveprstan, cirka 15 minuter.

70.Lavendel honungscroissanter

INGREDIENSER:
- Grundläggande croissantdeg
- ¼ kopp honung
- 1 matsked torkad kulinarisk lavendel
- 1 ägg vispat med 1 msk vatten

INSTRUKTIONER:

a) Kavla ut croissantdegen till en stor rektangel.

b) Skär degen i trianglar.

c) Blanda honung och lavendel i en liten skål.

d) Bred ut ett tunt lager av lavendelhonungen på den nedre halvan av varje croissant.

e) Sätt tillbaka den övre halvan av croissanten och tryck ner försiktigt.

f) Lägg croissanterna på en bakplåtspappersklädd plåt, pensla med äggtvätt och låt jäsa i 1 timme.

g) Värm ugnen till 400°F (200°C) och grädda croissanterna i 20-25 minuter tills de är gyllenbruna.

71. Rosenbladscroissanter

INGREDIENSER:

- Grundläggande croissantdeg
- ¼ kopp torkade rosenblad
- ¼ kopp socker
- 1 ägg vispat med 1 msk vatten

INSTRUKTIONER:

a) Kavla ut croissantdegen till en stor rektangel.
b) Skär degen i trianglar.
c) Blanda de torkade rosenbladen och sockret i en mixerskål.
d) Strö rosenbladsblandningen på den nedre halvan av varje croissant.
e) Sätt tillbaka den övre halvan av croissanten och tryck ner försiktigt.
f) Lägg croissanterna på en bakplåtspappersklädd plåt, pensla med äggtvätt och låt jäsa i 1 timme.
g) Värm ugnen till 400°F (200°C) och grädda croissanterna i 20-25 minuter tills de är gyllenbruna.

72. Apelsinblomma croissanter

INGREDIENSER:

- Grundläggande croissantdeg
- ¼ kopp apelsinblomvatten
- ¼ kopp socker
- 1 ägg vispat med 1 msk vatten

INSTRUKTIONER:

a) Kavla ut croissantdegen till en stor rektangel.
b) Skär degen i trianglar.
c) Blanda apelsinblomvatten och socker i en liten skål.
d) Bred ut ett tunt lager av apelsinblomsblandningen på den nedre halvan av varje croissant.
e) Sätt tillbaka den övre halvan av croissanten och tryck ner försiktigt.
f) Lägg croissanterna på en bakplåtspappersklädd plåt, pensla med äggtvätt och låt jäsa i 1 timme.
g) Värm ugnen till 400°F (200°C) och grädda croissanterna i 20-25 minuter tills de är gyllenbruna.

73. Hibiskus croissanter

INGREDIENSER:

- Grundläggande croissantdeg
- ¼ kopp torkade hibiskusblommor
- ¼ kopp socker
- 1 ägg vispat med 1 msk vatten

INSTRUKTIONER:

a) Kavla ut croissantdegen till en stor rektangel.

b) Skär degen i trianglar.

c) Kombinera de torkade hibiskusblommorna och sockret i en mixerskål.

d) Strö hibiskussockerblandningen på den nedre halvan av varje croissant.

e) Sätt tillbaka den övre halvan av croissanten och tryck ner försiktigt.

f) Lägg croissanterna på en bakplåtspappersklädd plåt, pensla med äggtvätt och låt jäsa i 1 timme.

g) Värm ugnen till 400°F (200°C) och grädda croissanterna i 20-25 minuter tills de är gyllenbruna.

74. Blåbärscroissanter

INGREDIENSER:

- Grundläggande croissantdeg
- 1 dl färska blåbär
- ¼ kopp strösocker
- 1 msk majsstärkelse
- 1 ägg vispat med 1 msk vatten

INSTRUKTIONER:

a) Kavla ut croissantdegen till en stor rektangel.
b) Blanda blåbär, socker och majsstärkelse i en liten skål.
c) Fördela blåbärsblandningen jämnt över degens yta.
d) Skär degen i trianglar.
e) Rulla ihop varje triangel till en croissantform.
f) Lägg croissanterna på en bakplåtspappersklädd plåt, pensla med äggtvätt och låt jäsa i 1 timme.
g) Värm ugnen till 400°F (200°C) och grädda croissanterna i 20-25 minuter tills de är gyllenbruna.

75. Halloncroissanter

INGREDIENSER:

- Grundläggande croissantdeg
- 1 kopp färska hallon
- ¼ kopp strösocker
- 1 ägg vispat med 1 msk vatten

INSTRUKTIONER:

a) Kavla ut croissantdegen till en stor rektangel.

b) Skär degen i trianglar.

c) Lägg färska hallon på varje croissant.

d) Strö strösocker över hallonen.

e) Rulla ihop varje triangel, börja från den breda änden, och forma den till en halvmåne.

f) Lägg croissanterna på en bakplåtspappersklädd plåt och låt jäsa i 1 timme.

g) Värm ugnen till 400°F (200°C) och grädda croissanterna i 20-25 minuter tills de är gyllenbruna.

76. Persika croissanter

INGREDIENSER:

- Grundläggande croissantdeg
- 2 mogna persikor, skalade och tärnade
- ¼ kopp strösocker
- ½ tsk mald kanel
- 1 ägg vispat med 1 msk vatten

INSTRUKTIONER:

a) Kavla ut croissantdegen till en stor rektangel.
b) Blanda tärnade persikor, socker och kanel i en liten skål.
c) Fördela persikoblandningen jämnt över degens yta.
d) Skär degen i trianglar.
e) Rulla ihop varje triangel till en croissantform.
f) Lägg croissanterna på en bakplåtspappersklädd plåt, pensla med äggtvätt och låt jäsa i 1 timme.
g) Värm ugnen till 400°F (200°C) och grädda croissanterna i 20-25 minuter tills de är gyllenbruna.

77.Blandade bärcroissanter

INGREDIENSER:
- Grundläggande croissantdeg
- ½ kopp blandade bär (som blåbär, hallon och björnbär)
- ¼ kopp strösocker
- 1 msk majsstärkelse
- 1 ägg vispat med 1 msk vatten

INSTRUKTIONER:

a) Kavla ut croissantdegen till en stor rektangel.

b) Blanda de blandade bären, sockret och majsstärkelsen i en liten skål.

c) Fördela bärblandningen jämnt över degens yta.

d) Skär degen i trianglar.

e) Rulla ihop varje triangel till en croissantform.

f) Lägg croissanterna på en bakplåtspappersklädd plåt, pensla med äggtvätt och låt jäsa i 1 timme.

g) Värm ugnen till 400°F (200°C) och grädda croissanterna i 20-25 minuter tills de är gyllenbruna.

78.Tranbär Och Apelsincroissanter

INGREDIENSER:

- 1 ark smördeg, tinat
- ¼ kopp tranbärssås
- ¼ kopp apelsinmarmelad
- ¼ kopp strimlad mandel
- 1 ägg, uppvispat
- Pulversocker, för att pudra

INSTRUKTIONER:

a) Värm ugnen till 375°F (190°C).
b) Kavla ut smördegen till en stor rektangel på en lätt mjölad yta. Skär degen i 4 lika stora trianglar.
c) Kombinera tranbärssåsen, apelsinmarmelad och mandel i en blandningsskål.
d) Bred ut en matsked av blandningen på den bredaste delen av varje triangel. Rulla upp gifflarna från den bredaste änden mot spetsen.
e) Lägg croissanterna på en bakplåtspappersklädd plåt och pensla med det uppvispade ägget.
f) Grädda i 15-20 minuter, tills gifflarna är gyllenbruna och krispiga.
g) Pudra över strösocker före serveprstan.

79. Ananas croissanter

INGREDIENSER:

- 1 ark smördeg, tinat
- 1 burk krossad ananas, avrunnen
- ¼ kopp farinsocker
- ¼ kopp osaltat smör, smält
- 1 ägg, uppvispat
- Pulversocker, för att pudra

INSTRUKTIONER:

a) Värm ugnen till 375°F (190°C).

b) Kavla ut smördegen till en stor rektangel på en lätt mjölad yta. Skär degen i 4 lika stora trianglar.

c) Kombinera den krossade ananasen, farinsockret och det smälta smöret i en mixerskål.

d) Bred ut en matsked av ananasblandningen på den bredaste delen av varje triangel. Rulla upp gifflarna från den bredaste änden mot spetsen.

e) Lägg croissanterna på en bakplåtspappersklädd plåt och pensla med det uppvispade ägget.

f) Grädda i 15-20 minuter, tills gifflarna är gyllenbruna och krispiga.

g) Pudra över strösocker före serveprstan.

80. Plommoncroissanter

INGREDIENSER:

- 1 ark smördeg, tinat
- 4-5 plommon, tunt skivade
- 2 matskedar honung
- ¼ kopp mandelmjöl
- 1 ägg, uppvispat
- Pulversocker, för att pudra

INSTRUKTIONER:

a) Värm ugnen till 375°F (190°C).

b) Kavla ut smördegen till en stor rektangel på en lätt mjölad yta. Skär degen i 4 lika stora trianglar.

c) Kombinera de skivade plommonen, honungen och mandelmjölet i en mixerskål.

d) Bred ut en matsked av plommonblandningen på den bredaste delen av varje triangel. Rulla upp gifflarna från den bredaste änden mot spetsen.

e) Lägg croissanterna på en bakplåtspappersklädd plåt och pensla med det uppvispade ägget.

f) Grädda i 15-20 minuter, tills gifflarna är gyllenbruna och krispiga.

g) Pudra över strösocker före serveprstan.

81.Banan Eclair Croissanter

INGREDIENSER:

- 4 frysta croissanter
- 2 rutor halvsöt choklad
- 1 msk smör
- ¼ kopp siktat konditorisocker
- 1 tsk varmt vatten; upp till 2
- 1 dl vaniljpudding
- 2 medium bananer; skivad

INSTRUKTIONER:

a) Skär frysta croissanter på mitten på längden; lämna tillsammans. Värm frysta croissanter på en osmord plåt vid förvärmd 325°F. ugn 9-11 minuter.

b) Smält choklad och smör tillsammans. Rör ner socker och vatten för att få en bredbar glasyr.

c) Bred ¼ kopp pudding på varje croissants nedre halva. Toppa med skivade bananer.

d) Byt ut croissant toppar; prstanla på chokladglasyr.

e) Tjäna.

CUPTORTE & MUFFINS

82.Citron y Torte Mix Cuptorte

INGREDIENSER:
- 1 paket vit chokladkakamix
- 1/4 kopp limonina skuta
- 3 matskedar citronsaft
- 3 tsk rivet citronskal
- 3 matskedar tinktur
- 1/2 kopp smör , mjukat
- 3-1/2 dl konditorsocker
- 1/4 kopp jordgubbssylt utan kärnor
- 2 matskedar 2% mjölk

INSTRUKTIONER:
- Klä 24 muffinsformar med pappersfoder.
- Förbered kakmixsmeten enligt anvisningarna på förpackningen, minska vattnet med 4 matskedar och tillsätt limonina skuta, citronsaft , citronskal och tinktur innan du blandar smeten.
- Fyll beredda koppar ungefär två tredjedelar fulla.
- Baka och kyl cuptorte enligt anvisningar på paketet.
- I en stor skål, vispa smör , konditorsocker, sylt och mjölk tills det är slätt. Frost kylda cuptorte .

83. Choklad Caramel Cuptorte

INGREDIENSER:
- 1 paket chokladkakamix
- 3 matskedar Smör
- 24 karameller
- 3/4 kopp halvsöta chokladchips
- 1 dl hackade valnötter
- Ytterligare valnötter, valfritt

INSTRUKTIONER:
a) Förbered kakmixsmeten enligt förpackningens anvisningar för cuptorte med smör.
b) Fyll 24 papperslädda muffinskoppar till en tredjedel; ställ resterande smet åt sidan. Grädda i 350° i 7-8 minuter eller tills toppen av cuptorten verkar stelnad.
c) Tryck försiktigt en karamell i varje cuptorte; strö över chokladbitar och valnötter. Toppa med resterande smet.
d) Grädda 15-20 minuter längre eller tills en tandpetare kommer ut ren.
e) Kyl i 5 minuter innan du tar bort dem från formarna till galler för att svalna helt.

84.Mud Pri Cuptorte

INGREDIENSER:
- 1 18,25-ounce box chokladkaka mix plus ingredienser som krävs på boxen
- 3 matskedar smör
- 1 16-ounce chokladglasyr
- 2 koppar smulad choklad smörgås kakor
- Chokladsirap till garneprstan
- 1 8-ounce paket gummimaskar

INSTRUKTIONER:
a) Förbered och baka cuptorte enligt tårtmixens anvisningar. Använd smör eller olja.
b) Låt cuptorte svalna helt innan frosting.
c) Toppa frostingen med kaksmulor och prstanla över chokladsirap.
d) Halvera gummiartade maskar. Lägg varje skärkant i frosting för att skapa illusionen av en mask som glider i lera.

85.Torte Mix Buča Muffins

INGREDIENSER:
- 1 29-ounce burk pumpapuré
- 1 16,4-ounce box chokladkaka mix
- 3 matskedar olja

INSTRUKTIONER:
a) Värm ugnen enligt anvisningarna för kakmixen med olja.
b) Klä muffinsformar med bakplåtar.
c) Blanda pumpapuré i kakmixen. Häll upp i muffinsformar.
d) Grädda enligt tårtmixens anvisningar för muffins.

86. Torta Mix Praline Cuptorte

INGREDIENSER:
- 1 18,25-ounce box chokladkaka mix
- 1 dl smörmjölk
- ¼ kopp olja
- 4 ägg
- Karamellglasstopping
- Hackade pekannötter till garneprstan
- 72 praliner

INSTRUKTIONER:
a) Värm ugnen till 350°F. Klä en muffinsform med bakplåtspapper.
b) Kombinera tårtmix, kärnmjölk, olja och ägg i en stor mixerskål och vispa med en elektrisk mixer inställd på låg hastighet tills en slät smet bildas. Fyll bakformarna till hälften.
c) Grädda 15 minuter eller tills topparna är gyllene. Ta ut cuptorte från ugnen och låt svalna helt innan du lägger på pålägg.
d) Topp cuptorte med kola topping; strö över pekannötter och garnera med 3 praliner per cuptorte.

87.Piña Colada & Cuptorte

INGREDIENSER:

- 1 18,25-ounce ask vit chokladkakamix
- 1 3,9-ounce box instant fransk vaniljpuddingmix
- ¼ kopp olja
- ½ kopp vatten
- 2/3 kopp ljus rom, delad
- 4 ägg
- 1 14-ounce burk plus 1 kopp krossad ananas
- 1 kopp sötad, flingad kokosnöt
- 1 16-ounce badkar vaniljfrosting
- 1 12-ounce badkar utan mejerivispad topping
- Rostad kokos till garneprstan
- Cocktailparasoll

INSTRUKTIONER:

a) Värm ugnen till 350°F.
b) Blanda kakmix, puddingmix, olja, vatten och 1/3 kopp rom med en elektrisk mixer på medelhastighet. Tillsätt äggen ett i taget, vispa långsamt smeten allt eftersom.
c) Vänd i burk med ananas och kokos. Häll i formar och grädda i 25 minuter.
d) För att göra frostingen, blanda 1 kopp krossad ananas, återstående 1/3 kopp rom och vaniljfrosting tills det blir tjockt.
e) Tillsätt icke-mejerivispad topping.
f) Frosta helt avsvalnade cuptorte och garnera med rostad kokos och ett parasoll.

88.Češnja Cola minikakor

INGREDIENSER:
- 2 ägg
- 1 tsk vanilj
- 1 18,25-ounce ask vit chokladkakamix
- ¼ kopp tinktur
- 1 ¼ dl cola med körsbärssmak
- 1 12-ounce balja färdig frosting efter eget val

INSTRUKTIONER:
a) Värm ugnen till 350°F.
b) Klä en muffinsform med bakplåtspapper. Spraya lätt med matlagningsspray.
c) Blanda ägg, vanilj, kakmix, tinktur och körsbärscola i en mixerskål och blanda väl med en elektrisk mixer.
d) Grädda i 20 minuter.
e) Helt coola cuptorte

89. Rdeči žamet Cuptorte

INGREDIENSER:
- 2 äggvitor
- 2 koppar röd sammet kakmix
- 1 kopp chokladkaka mix
- ¼ kopp tinktur
- 1 12-ounce påse chokladchips
- 1 12-ounce burk citron-lime soda pop
- 1 12-ounce balja färdig att sprida gräddfilsfrosting

INSTRUKTIONER:
a) Värm ugnen till 350°F. Klä en muffinsform med bakplåtspapper.
b) Kombinera äggvita, både kakmix es , tinktur, chokladchips och läsk i en stor mixerskål. Blanda väl tills en slät smet bildas. Häll smeten i bakformar.
c) Grädda i 20 minuter.
d) Låt cuptorte svalna innan frosting.

90. Äppelpaj Cuptorte

INGREDIENSER:

- 1 18,25-ounce vit chokladkakamix
- ¼ kopp vatten
- ¼ kopp kokos olja
- 1 ägg
- 2 matskedar beredd pumpapaj kryddblandning
- 1 15-ounce burk äppelpaj fyllning
- 1 12-ounce balja krema sir frosting

INSTRUKTIONER:

a) Värm ugnen till 350°F. Klä en muffinsform med bakplåtspapper.
b) Blanda kakmix, vatten, Canna-kokosolja, ägg och kryddblandning med en elektrisk mixer tills en slät smet bildas.
c) Vik i pajfyllningen. Fyll bakformarna till hälften. Grädda i 23 minuter.
d) Låt cuptorte svalna på galler innan frosting.

91.Stark Mus Cuptorte

INGREDIENSER:
- 1 18,25-ounce chokladkakamix plus ingredienser på lådan
- 1/2 kopp olja
- 24 små runda chokladmyntkakor, halverade
- 1 12,6-ounce påse rund godisöverdragen choklad
- Tunna strängar av svart lakrits
- 24 skopor chokladglass

INSTRUKTIONER:
a) Värm ugnen till 375°F. Klä en muffinsform med bakplåtspapper.
b) Förbered smeten och grädda enligt kakmixanvisningarna för cuptorte med olja .
c) Ta ut cuptorte från ugnen och låt svalna helt.
d) Ta bort cuptorte från pappersmuggar.
e) Använd halverade runda kakor för öron, godis för ögon och näsa, och lakrits för morrhår, dekorera cuptorte för att likna möss. Lägg på en plåt och frys in.

BARER OCH RUTOR

92. Schackstänger

INGREDIENSER:

- 1 18,25- ounce chokladkakamix
- ½ kopp smör
- 4 ägg
- ½ kopp vitt socker
- 1 8-ounce paket färskost, uppmjukad

INSTRUKTIONER:

a) Värm ugnen till 350°F.
b) Smörj och mjöla en 9" × 13" form. Avsätta.
c) Blanda kakmix, smör och 1 ägg i en stor skål tills en mördegsliknande blandning bildas. Klappa blandningen i botten av pannan.
d) I en separat skål, kombinera socker, återstående ägg och mjukgjord färskost. Lägg i skikt ovanpå skorpan. Grädda i 40 minuter eller tills de fått lite färg.
e) Låt svalna i pannan innan du skär till stänger.

93. Hallon & Chokladkakor

INGREDIENSER:
- 1 18,25-ounce box chokladkaka mix
- 1/3 kopp indunstad mjölk
- 1½ dl smält smör
- 1 dl hackade nötter
- ½ kopp frönfri hallonsylt
- 12-ounce chokladchips

INSTRUKTIONER:
a) Värm ugnen till 350°F. Smörj och mjöl 9" × 13" form. Avsätta.
b) Kombinera kakmix, indunstad mjölk, smör och nötter för att bilda en mycket klibbig, sliskig smet. Häll hälften av smeten i botten av en form och grädda i 10 minuter.
c) Smält under tiden sylten i mikron.
d) Ta bort den bakade skorpan från ugnen och täck med smält sylt och chokladchips. Täck med resterande kaksmet och grädda i 20 minuter.
e) Kyl helt innan du skär.

94.Torta Mix Češnja Palice

INGREDIENSER:

- 1 18,25-ounce box chokladkaka mix
- 1 15-ounce burk körsbärspajfyllning
- 1 tsk mandelextrakt
- 1 tsk vaniljextrakt
- 2 ägg
- 1 kopp socker
- 7 matskedar smör
- 1/3 kopp helmjölk
- 1 12-ounce paket halvsöta chokladchips

INSTRUKTIONER:

a) Värm ugnen till 350°F. Spraya en 13" × 9" panna med nonstick-spray. Avsätta.

b) Kombinera kakmix, pajfyllning, extrakt och ägg i en stor skål och vispa med en elektrisk mixer tills det är väl blandat.

c) Häll smeten i formen och grädda i 350°F i 25 minuter eller tills den stelnat hela vägen. Ta bort från ugnen.

d) Blanda socker, smör och mjölk i en stor kastrull. Koka upp. Ta kastrullen från värmen och tillsätt chokladbitar, rör om medan de smälter.

e) Häll chokladblandningen över den varma kakan och bred ut så att den täcker. Låt svalna och stelna innan du skär i stänger.

95.Choklad lager tårta

INGREDIENSER:

- 1 18,25-ounce box chokladkaka mix plus ingredienser som krävs på boxen
- 1 6-ounce burk karamellglass topping
- 7 uns olja
- 1 8-ounce badkar utan mejerivispad topping, tinad
- 8 godisbitar, hackade eller sönderdelade i bitar

INSTRUKTIONER:

a) Förbered och baka kakan enligt instruktionerna för en 9" × 13" tårta . Använd spole.
b) Ta ut kakan från ugnen och låt svalna i 10 minuter innan du sticker hål i toppen av kakan med en lång gaffel eller spett.
c) Häll kola och sedan kondenserad mjölk över kakan, fyll alla hål. Låt kakan stå tills den svalnat helt.
d) Frosta med vispad topping och strö över godisbitar. Kyla

96.Potluck Palice

INGREDIENSER:

- 1 18,25-ounce ask vit chokladkakamix
- 2 stora ägg
- 1/3 kopp olja
- 1 burk sötad kondenserad mjölk
- 1 kopp halvsöt chokladchips
- Valnötter, jordnötter eller kokos efter smak
- ¼ kopp smör

INSTRUKTIONER:

a) Värm ugnen till 350°F. smör en 13" × 9" × 2" ugnsform. Ställ åt sidan.

b) Blanda kakmix, ägg och olja i en skål och vispa tills det är jämnt blandat. Tryck ut 2/3 av smeten i botten av pannan.

c) Kombinera kondenserad mjölk, chokladchips och smör i en mikrovågssäker skål. Mikrovågsugn i 1 minut på hög effekt. Ta bort och rör om med en gaffel tills det är slätt.

d) Häll chokladblandningen över skorpan. Lägg nötter eller kokos ovanpå chokladlagret. Pricka med resterande kaksmet.

e) Grädda i 20 minuter eller tills de fått lite färg. Låt svalna i ugnsform. Skär i rutor.

97.Ampak skrajni prstCookie Palice

INGREDIENSER:

- 1 paket mörk chokladkakamix
- 1 paket (3,9 ounces) instant chokladpuddingmix
- 1/2 kopp 2% mjölk
- 1/3 kopp raps olja
- 1/3 kopp smör, smält
- 2 stora ägg, delad användning
- 6 butter finger candy palice (1,9 uns vardera), uppdelade
- 1-1/2 dl tjockt jordnötssmör
- 1 tsk vaniljextrakt
- 1-1/2 koppar halvsöta chokladchips, delade

INSTRUKTIONER:

a) Värm ugnen till 350°.
b) I en stor skål, kombinera kakmix och puddingmix.
c) I en annan skål, vispa mjölk, olja, smör och 1 ägg tills det blandas. Lägg till torra ingredienser; rör bara tills det är fuktat.
d) Tryck ut hälften av blandningen i en smord 15x10x1-in. bakplåt. Grädda tills toppen verkar torr, 6-8 minuter.
e) Hacka under tiden 2 godiskakor. Rör ner jordnötssmör, vanilj och resterande ägg i resten av kakmixblandningen. Vik i hackade barer och 1 dl chokladchips.
f) Hacka ytterligare 3 godiskakor; strö över varm skorpa och tryck ner försiktigt. Täck med kakmixblandning; tryck ner ordentligt med en metallspatel.
g) Krossa kvarvarande godisbar; strö krossad bar och återstående 1/2 kopp chokladchips över toppen.
h) Grädda tills en tandpetare i mitten kommer ut ren, 20-25 minuter.
i) Kyl helt på galler. Skär i stänger. Förvara i en lufttät behållare.

98.Tårtlåda Barer

INGREDIENSER:

- 2 3,9-ounce förpackningar choklad instant pudding mix
- 4 koppar olja
- 2 18,25-ounce förpackningar chokladkakamix utan pudding
- 4 koppar chokladchips
- Konditorsocker till garneprstan

INSTRUKTIONER:

a) Värm ugnen till 350°F.
b) Smörj och mjöla två 10" × 15" jellyrollformar. Avsätta.
c) Vispa ihop båda lådorna med puddingmix och mjölk i en stor skål.
d) Vik långsamt in båda lådorna med kakmix. Vik i chokladbitar. Grädda 35 minuter. Pudra med konditorsocker.
e) Låt svalna helt innan du skär i rutor.
f)

99.Infunderat jordnötssmör Rutor

INGREDIENSER:

- ½ dl smör, mjukat
- ¾ kopp jordnötssmör
- 1 18,25-ounce paket chokladkakamix
- 4 dussin chokladkyssar, olindade
- Florsocker

INSTRUKTIONER:

a) I en stor skål, kombinera smör och jordnötssmör och blanda väl. Tillsätt kakmix; blanda tills en deg bildas. Täck över och kyl i 4–6 timmar.
b) När du är redo att baka, förvärm ugnen till 400 ° F.
c) Rulla degen i matskedar runt en chokladkyss; forma till en boll och lägg på bakplåtspappersklädd plåt.
d) Grädda kakorna i 8–12 minuter eller tills de precis stelnat.
e) Låt svalna på plåt i 3 minuter, häll sedan i strösocker och rulla till beläggning.
f) Låt svalna helt på galler och lägg sedan i strösocker igen när det svalnat.

100. Karamell valnötsstänger

INGREDIENSER:

- 1 ask chokladkakamix
- 3 matskedar smör mjukat
- 1 ägg
- 14 uns sötad kondenserad mjölk
- 1 ägg
- 1 tsk rent vaniljextrakt
- 1/2 dl finmalda valnötter
- 1/2 kopp finmalda kolabitar

INSTRUKTIONER:

a) Värm ugnen till 350.

b) Förbered rektangulär kakform med matlagningsspray och ställ sedan åt sidan.

c) Blanda tårtmix, smör och ett ägg i en bunke och blanda sedan tills det blir smuligt.

d) Tryck ut blandningen på botten av den förberedda pannan och ställ sedan åt sidan.

e) I en annan blandningsskål kombineras mjölk, resterande ägg, extrakt, valnötter och kolabitar.

f) Blanda väl och häll över botten i pannan.

g) Grädda i 35 minuter.

SLUTSATS

När vi tar farväl av " Min Lilla Kokbok På Tårttin ", hoppas vi att du har upptäckt den glädje och tillfredsställelse som bakning ger ditt liv. Från den första doften av vanilj som strömmar från ugnen till det ögonblick du njuter av den sista smulan av din nybakade skapelse, är bakning ett kärleksarbete som ger näprstan åt både kropp och själ. När du fortsätter dina bakäventyr, kom ihåg att omfamna magin med experiment, att njuta av framgångens sötma och att finna tröst i kökets värme.

När doften av nybakade godsaker bleknar och den sista biten avnjuts, vet att de minnen som skapas i köket kommer att dröja kvar, vårdas och uppskattas. Dela din kärlek till att baka med dem runt omkprstan dig, fira livets ögonblick med en kaka eller en bit tårta och låt det enkla nöjet med hemgjorda godsaker förgylla dina dagar. Och när du är redo att ge dig ut på din nästa bakresa kommer " Min Lilla Kokbok På Tårttin " att finnas här, redo att inspirera och glädja dig igen.

Tack för att vi fick vara en del av era bakäventyr. Må ditt kök fyllas av skratt, din ugn av värme och ditt hjärta av glädjen att baka. Tills vi ses igen, glad bakning och god aptit!

www.ingramcontent.com/pod-product-compliance
Lightning Source LLC
Chambersburg PA
CBHW070657120526
44590CB00013BA/995